SENNA GAMMOUR

Liebeskummer lohnt sich, my darling

GOLDMANN

SENNA GAMMOUR

LIEBES KUMMER LOHNT SICH, MY DARLING

GOLDMANN

MIX
Papier | Fördert gute Waldnutzung
FSC® C014496

Penguin Random House Verlagsgruppe FSC® N001967

1. Auflage
Originalausgabe November 2024

Unter Mitarbeit von Tina Gorf
Redaktion: Birthe Vogelmann
Umschlag: Uno Werbeagentur, München
Umschlagmotiv: Dhana Sabira Wallmeier
Satz: Satzwerk Huber, Germering
Druck und Bindung: GGP Media GmbH, Pößneck
Printed in Germany
AR · CB
ISBN 978-3-442-18023-3

www.goldmann-verlag.de

Ich widme dieses Buch der Liebe meines Lebens,
Jamani.
Ruhe in Frieden.

INHALT

1. QUEENS AND SISTERS, I AM BACK

Es war einmal *Liebeskummer ist ein Arschloch* und *In dein Gesicht – Erfolg ist die beste Rache.* Guess what. Ich bin zurück. Stärker, selbstbewusster, glücklicher und doch die, die ihr kennt, der ihr vertrauen könnt, die euch liebt und so stolz auf euch ist. Ihr fragt euch vielleicht, wo ich die vergangenen Jahre war. Warum ihr so lange auf das dritte Buch meiner Liebeskummer-Trilogie warten musstet. Ich werde euch die Gründe erklären, euch erzählen, was mir alles widerfahren ist, worüber ich nachgedacht habe, zu welchen Erkenntnissen ich gelangt bin. Warum ich heute glücklicher bin als je zuvor in meinem Leben.

Aber bevor wir zu mir kommen, sag mal ehrlich, wie ist es dir die letzten Jahre ergangen? Was ist alles passiert? Wie geht es dir? Jetzt? Heute? Wie fühlst du dich? Hast du Liebeskummer? Ist dein Herz gebrochen? Weißt du nicht weiter? Ich fühle so mit dir. Liebeskummer ist und bleibt ein Arschloch. All diesen Schmerz braucht wirklich niemand. Eigentlich. Moment. Wirklich nicht?, fragst du und schaust dir noch mal das Cover an. *Liebeskummer lohnt sich, my darling* ist der Titel. Richtig. Und nein, das ist kein Schreibfehler! Sondern eine meiner wichtigen Erkenntnisse. Denn mein Liebeskummer hat mich am Ende so motiviert, dass er mir meine größten Erfolge gebracht hat. Deswegen kann ich im Nachhinein auch sagen, dass es gut war, so zu leiden. Doch in diesem Buch geht es nicht nur um Liebeskummer. Es geht um Kummer aller Art. Kummer darüber, dass ein Lebensabschnitt vorbei ist. Kummer darüber, dass ein Freund zum Feind wird. Kummer darüber, dass eine Fremde zur Freundin wird und dann plötzlich stirbt. Es geht um Schmerz, um Trauer, um Abschied und auch um Ungerechtigkeit. Aber vor allem geht es um die wichtigen Fragen: Wie kommst du aus dem tiefen Tal der Tränen wieder heraus? Welche Wege kannst du gehen, um wieder glücklich zu werden und zu bleiben? Wie flickst du dein Herz wieder zusammen? Wie schützt du es und dich in Zukunft? Dieses Buch, ihr Lieben, gibt euch viele Antworten, viele Ideen, um eine Lösung für euch zu finden. (Und bitte, vergesst nie: Es gibt nicht nur eine Lösung für ein Problem! Es gibt immer mehrere!)

Dieses Buch gibt euch aber nicht nur Ideen, wie ihr euren Kummer überwindet. Dieses Buch handelt vom Überleben. Denn ich, die ich es für euch schreibe, bin eine Überlebende. Eine Überlebende – und kein Opfer! Auch DU bist kein Opfer. Weil du und ich, weil keine von uns jemals aufgeben wird! Denn aufgeben ist NIE eine Option. Wir finden uns nicht hilflos mit unserem Schicksal ab. Oh nein! Wir stehen für uns ein, wir kämpfen für uns! Ich bin bei dir, während du das hier liest. Ich fühle deinen Schmerz, deine Unsicherheit, deine Verzweiflung, deinen Kummer. Ich spüre deine Wut und deinen Wunsch, aufzugeben. Ich höre deine Hilferufe. Glaub mir, ich weiß genau, wie du dich fühlst. Denn ich war selbst in so vielen Höllen, und immer habe ich es auch wieder herausgeschafft. Egal, wie traurig oder verletzt oder wütend du gerade bist, vertrau mir und lies bitte weiter. Denn ich verrate dir alles, was du brauchst, um aus diesem abgrundtiefen Loch der Einsamkeit, der Trauer und der Selbstzweifel wieder herauszukommen. Ich möchte dir helfen, deine Wunden zu heilen. Vielleicht unterstützen dich meine Erfahrungen dabei, eine bessere Beziehung zu führen. Dich auszusöhnen mit deiner Familie, mit alten Freunden. Mit DIR!

Aber vor allem verrate ich dir in diesem Buch, wie du gewinnst! In JEGLICHER Situation. Und dafür öffne ich mich und mein Herz. Mehr, als ich es je zuvor getan habe. Auch unangenehme

Themen werde ich nicht verschweigen, nichts verheimlichen. Warum erzähle ich euch erst jetzt von meinen vielen schmerzhaften Begegnungen, von unglaublichen Enttäuschungen, von all dem Verrat und Betrug? Weil ich Zeit brauchte. Viel Zeit, die ich damit verbracht habe, die Gedanken, die ich euch im ersten und zweiten Buch mitgeteilt habe, zu Ende zu denken. Das habe ich getan. Und jetzt möchte ich die Essenz mit euch teilen. Weil es mir wichtig ist, dass ihr eine Idee davon bekommt, welchen Weg ihr gehen könnt, um euch die eine oder andere bittere Erfahrung zu ersparen. Weil ich mir wünsche, dass ihr aus meinen Geschichten für euch etwas lernen könnt. Es besser machen könnt. Euch schützen könnt.

Wenn ihr euch also fragt, warum es so lange gedauert hat, bis ihr dieses Buch endlich in den Händen halten könnt: Ich war gebrochen. Ich hatte meine Flügel verloren. Ich lag am Boden, am Ende meiner Kraft. Ich habe nicht mal mehr funktioniert. Das war ab dem Jahr 2020. Ab da ging es mir richtig, richtig schlecht. Aber ihr wisst, dass ich niemals aufgebe. Egal, wie sehr mich das Leben fickt. Ja, ich war erschöpft und entmutigt. Aber ich wusste auch, was ich brauchte, um heilen zu können. Ein *break* war das Einzige, was geholfen hat, damit meine Flügel wieder wachsen und stark werden konnten. Also habe ich ihnen und damit mir die Zeit gegeben. Diese Pause war für mich wichtig, um überhaupt zu verstehen, was alles passiert war. Um all die Erlebnisse, Enttäuschungen und Verletzungen seit dem Start meiner Karriere zu verarbeiten.

Wir alle wissen, dass wir uns im Laufe der Jahre verändern. Ich habe mich natürlich auch verändert. Das ist es, was das Leben von uns fordert: dass wir uns entwickeln. Dass wir wieder aufstehen, wenn wir hinfallen, dass wir weitergehen, auch wenn wir Fehler machen. Dass wir uns nicht in die Knie zwingen lassen. Deswegen, wenn das Leben dich brechen will, dann zieh dich zurück, nimm dir all die Zeit, die du brauchst, um deine Wunden zu versorgen. Werde wieder gesund. Und dann komm zurück – du wirst stärker sein als zuvor. Daher habe ich mich so lange zurückgezogen. Um zu verstehen, nachzudenken und zu reflektieren. Dafür brauchte ich die Zeit für mich und mit mir.

Nun bin ich wieder da. Voller Energie, Kraft, Freude und Geschichten, um endlich dieses dritte Buch zu schreiben. Für jede von euch. Ich erzähle dir, wie auch du es schaffst, wieder aufzustehen, egal, was passiert. Egal, wie hart das Schicksal auf dich einprügelt. Egal, wie sehr du glaubst, nie wieder glücklich sein zu können. Mir geht es nicht darum, ein Vorbild zu sein. Nein, nein, nein. Alles, was ich möchte, ist, Gutes zu tun, zu helfen, dich zu unterstützen, damit du ein guter, ein glücklicher Mensch sein kannst. Ganz ehrlich, ich kann dir nicht sagen, wo du den perfekten Partner fürs Leben findest. Aber ich kann dir zeigen, wie du eine gute Beziehung zu dir selbst haben kannst. Ich kann dir sagen, wie du aus den Enttäuschungen und Kränkungen, aus den Dramen deines Lebens, das Beste für dich ziehst. Ich weiß, wie du Menschen, die dich verletzt haben, den Mittelfinger zeigst und weitermachst, wenn dich das Leben mal wieder fickt. Also, setz dich, nimm dir eine große Tüte Popcorn, mach den Fernseher aus und fang an zu lesen. Hier kommt auch gleich meine nächste Frage an dich. Kennst du diesen Moment, wenn alles so scheiße läuft, dass du dich wie lebendig begraben fühlst? Du verspürst diese Lähmung, die dich hilflos macht. Es ist, als würdest du ersticken. So habe ich mich früher oft gefühlt. Und dann hat irgendwer mal zu mir gesagt, *Senna, stell dir vor, du liegst unter dem Rasen.* (Eine gruselige Vorstellung, oder?) *ABER wenn du jetzt die Perspektive änderst, dann bist du gar nicht begraben, sondern du bist neu gepflanzt.* Diese Sicht war ein *wake-up call.* Plötzlich habe ich verstanden, wenn ich meine Einstellung ändere, dann verändert sich alles andere auch. Also habe ich beschlossen, meine Perspektive zu verändern.

Seit ich das tue, ist vieles so viel leichter, sehe ich vieles positiver. Sogar das Älterwerden. Ich meine, als Teenager und auch in unseren 20ern und 30ern erschienen uns doch alle, die älter als 40 waren, uralt. Scheintot. Und heute? Es ist so gut, in den 40ern und älter zu sein, auch wenn viele Frauen Angst davor haben. Dabei ist es so toll, endlich erwachsen zu sein. Ich schwöre euch, ich habe die beste Zeit meines Lebens. Klar hatte ich jede Menge Spaß in meinen 20ern und 30ern. Aber der hört doch nicht einfach auf, wenn eine Vier oder Fünf oder sonst eine Zahl davorsteht. Ich habe immer noch jede Menge Spaß und ich bin jetzt Mitte 40. Aber mein Spaß am Leben ist jetzt anders. Freier. Ruhiger. Und ja, glücklicher. Ehrlich. Ich liebe mein Leben, wie es ist. Es ist so angenehm, zu wissen, ich kann alleine sein. Ich kann *Nein* sagen. Ich kann meine Gedanken aussprechen. Ich muss nicht gleich reagieren. Ich kann der Beobachter sein. Ich treffe gute Entscheidungen. Ich verliere weniger Energie und bekomme gleichzeitig mehr. Ich bin nicht mehr abhängig von der Meinung anderer. Ich genieße mein Selbstbewusstsein, das mir das Leben ermöglicht, das ich jetzt lebe. Mehr als einmal musste ich durch die Hölle und zurück. Aber es hat sich gelohnt. Jede einzelne Challenge, jede Lektion, hat mich zu der gemacht, die ich heute bin. Ich weiß jetzt, was ich brauche. Wie ich gut für mich sorge. Wie ich genau das bekomme, was ich brauche, damit es mir gut geht.

Es war und ist ein Prozess. Ich kann ihn dir nur empfehlen, denn er ist das Geheimnis für ein zufriedenes, ein glücklicheres Leben. Bei diesem Prozess möchte ich dich gerne begleiten, wenn du es mir erlaubst. Auch deswegen schreibe ich dieses Buch. Es hat seine Zeit gedauert, den Punkt zu erreichen, an dem ich jetzt bin. Es gab so viele Hochs und so viele verdammte Tiefs. In all den Jahren habe ich eine Menge toller und noch mehr schlechter Erfahrungen gesammelt. Und deswegen weiß ich inzwischen sehr genau, was ich will: ein friedliches, erfolgreiches, gutes Leben führen. Gut essen können, gute Menschen um mich haben. Jeden Tag etwas Gutes tun, weil es meiner Seele guttut. Das ist es.

Bis hierher war es ein langer, ein steiniger, ein intensiver Weg. Und er wird weitergehen, so Gott will, solange ich lebe. Weil der Weg das Ziel ist. Das haben mir die vergangenen Jahre gezeigt. Und, dass ich alles schaffen kann, was ich mir vornehme. Nichts und niemand wird mich aufhalten. Es ist für mich mit das Schönste, dass ich endlich weiß, wie ich ein erfülltes, glückliches Leben führen kann. Möchtest du das auch? Willst du wissen, was du brauchst, um die Schönheit des Lebens zu sehen und zu genießen? Es ist viel leichter als du vielleicht glaubst. Erkenne deine Chancen und ergreife sie! Es gibt so unfassbar viele Chancen im Leben. Manche bekommst du geschenkt, andere musst du dir selbst erarbeiten. Egal, wie, Hauptsache du ergreifst sie. Das ist das Wichtigste. Vielleicht ist es nicht die Gelegenheit, auf die du gehofft hast. Ergreif sie trotzdem! Denn damit machst du neue Erfahrungen – und die kann dir niemand mehr nehmen. Vielleicht hilft dir genau diese Erfahrung, die nächste Chance schneller zu erkennen?

Ich sage dir, das Leben war nicht sanft zu mir. Ich habe nichts geschenkt bekommen und viele Möglichkeiten musste ich mir hart erarbeiten. Darauf bin ich stolz. Wenn ich zurückblicke auf die vergangenen Jahre, dann bin ich überrascht, wie schnell die Zeit verstrichen ist. Wie viel ich in den letzten 20 Jahren schon erreicht habe. Ganz ehrlich, ich vergesse es immer wieder, staune darüber, was ich alles schon geschafft habe in diesen zwei Jahrzehnten. Ja, so lange stehe ich als Künstlerin auf der Bühne, produziere inzwischen für euch Woche für Woche meine Podcasts, poste Tag für Tag für euch meine Storys und Reels auf Instagram. Und jetzt schreibe ich mein drittes und letztes Buch zum Thema Liebeskummer. Einige von euch sind in meinem Alter, einige jünger, einige älter. Aber was uns doch alle verbindet, ist der Wunsch, ein glückliches Leben zu führen, zu lieben und geliebt zu werden und anzukommen.

Bis wir das können, müssen wir einen Haufen Erfahrungen machen. Viele von uns müssen echt viel Scheiße fressen, bis wir wissen, was wir wirklich wollen und brauchen. Ich würde sagen, erst mit 30 sind manche von uns wirklich erwachsen. Aber egal, wie alt wir sind, wir müssen immer und immer wieder wichtige Entscheidungen fällen – hoffentlich die richtigen. Und während wir erwachsen werden und sind, dürfen wir das Kind in uns nicht verlieren. Müssen es beschützen und ihm den Raum geben, den es manchmal verlangt. Genau das tue ich, und deswegen kann ich auch sagen, dass ich glücklicherweise sehr oft die richtige Abzweigung genommen habe. Dazu gehört, dass ich in meinen 20ern viel ausprobiert habe. Wir alle treffen in diesem Alter ja auch viele schräge Entscheidungen, die wir hinterher als echt bescheuert entlarven. Erst mit 30 fragst du dich bewusst: *Warum bin ich so, wie ich bin, und wer bin ich eigentlich?* Und das ist der Moment, in dem wichtige Entscheidungen getroffen werden.

Die einen entscheiden sich dafür, sich mit diesen Fragen auseinanderzusetzen – was man eigentlich will, warum man so ist. Sie suchen nach Antworten. Andere schauen sich die Welt an, um Antworten zu finden und um ihren Horizont zu erweitern. Vielleicht kündigen sie ihren Job, weil er nicht der richtige ist. Vielleicht trennen sie sich von ihrem Partner, weil er doch nicht der richtige ist. Vielleicht ziehen sie in eine andere Stadt, die mehr Chancen bietet. Sie alle haben eine Sache gemeinsam: Sie fangen von vorne an und investieren in sich selbst und in eine erfüllte Zukunft. (Das ist, was ich auch getan habe.) Dann gibt es die anderen Menschen, die all diese Fragen lieber beiseiteschieben. Weil es unbequem ist und anstrengend, sich ihnen zu stellen. Diese Personen geben sich damit zufrieden, wie es ist. Hinterfragen nichts, wollen keine Veränderungen ihrer Gewohnheiten. Und das ist genauso in Ordnung. Ich war auch eine von ihnen. Die Party hat noch zu viel Spaß gemacht. Die Musik war laut und hat die unbequemen Fragen übertönt. Ich war zu abgelenkt vom Rauch der süßen Sünden.

Doch die Frage ist: *Und was dann?* Was, wenn die Musik aus ist, die Party vorbei ist? Kennst du die Antwort? Ich kenne sie. Dann wird die unbequeme Stimme lauter. Wenn du nach den Vorstellungen der anderen lebst, wenn du Entscheidungen triffst, ohne zu wissen, ob sie dich wirklich glücklich machen, dann wirst du irgendwann diese ganze Kacke ausbaden müssen. Du wirst herumirren auf der Suche nach Liebe, Glück und Frieden. Und plötzlich bist du 50 und machst immer noch dieselben Fehler wie mit 20 oder 30. Klingt uncool? IST uncool. Denn die Fragen werden immer mehr. Irgendwann stehst du vor einem Riesenberg von Fragen – und weißt überhaupt nicht mehr, wo du anfangen sollst.

Es gibt viele, die geben dann einfach auf. Deswegen ist es so wichtig, eigene Entscheidungen zu treffen. Ja, dafür brauchst du Mut. Und Selbstbewusstsein. Ich helfe dir, diesen Mut zu entwickeln und mehr Selbstbewusstsein zu bekommen. Weil ich weiß, dass der Glaube an dich selbst dich dahin bringt, wo du hinmöchtest. Ich bin ein gutes Beispiel dafür. In diesem Buch findest du die Essenz von allem, was ich herausgefunden, begriffen und umgesetzt habe. Dazu gehört übrigens auch die Erkenntnis, dass eine selbstbewusste Unabhängigkeit unsere Marvel-Power ist! Sie ist nichts Exklusives. Die Marvel-Power steckt in uns allen. In jedem von uns. Ja, auch in dir. Du kannst sie erlernen und dann anwenden. Egal, in welchem Bereich. Denn das ist das Geheimnis: DU triffst eine Entscheidung – und DU musst dann auch die Konsequenzen tragen. Deswegen ist es so wichtig, gute Entscheidungen zu treffen. Das bist du dir schuldig: dass du das Beste aus allem machst, was dir passiert. Wenn du gute Entscheidungen triffst, ist es viel leichter, als wenn du mit den Entscheidungen leben musst, die andere für dich getroffen haben. Und das sind all diejenigen Entscheidungen, die dich unglücklich machen. Denn jede Entscheidung im Leben hat eine Konsequenz. Deswegen triff deine eigenen Entscheidungen. Und wenn es mal nicht so läuft, wie du es dir gewünscht hast, mach das Beste draus. So einfach ist das? Ja. So simpel. Das Schwierigste daran ist, mir zu glauben, dass es so einfach ist.

Königinnen fallen nie,
sie ruhen nur kurz,
um STÄRKER zurückzukehren.

2.
PHOENIX AUS DER ASCHE

Mit Anfang 30 hat Elena alles, was sie sich je erträumt hat: einen tollen Job, ein tolles Zuhause, einen tollen Freundeskreis, eine tolle Beziehung. Sie plant, mit ihrem Freund zusammenzuziehen, ihr Chef hat ihr eine Beförderung in Aussicht gestellt. Elenas Work-Life-Balance ist perfekt. Und dann, von einem Tag auf den anderen, bekommt sie die Kündigung, denn ihre Firma ist pleite. Ihr Freund unterstützt und tröstet sie, verspricht, dass sie das schon hinbekommen. Elena zieht zu ihm, und in der Anfangszeit funktioniert ihr Zusammenleben wunderbar. Denn Elena kümmert sich um den Haushalt, kocht und putzt. Doch bald kommt ihr Freund immer öfter nach Feierabend nicht direkt nach Hause. Verabredet sich mehrmals die Woche mit seinen Kumpels. Das ist normal, redet sich Elena ein und versucht, die Situation zu akzeptieren. Was schwierig ist, denn sie findet einfach keinen neuen Job. Stattdessen wird Elenas Mutter plötzlich krank – und stirbt kurz darauf. Elena bräuchte ihren Freund mehr denn je. Stattdessen findet sie raus, dass er eine andere hat. Und das schon länger. Innerhalb weniger Monate ist nichts mehr, wie es war. Elena muss sich entscheiden: Versinkt sie in Kummer und Selbstmitleid oder schlüpft sie in ihren Superwoman-Anzug und stellt sich den Herausforderungen des Lebens?

Wir alle wissen, das Leben ist eine Sinuskurve. Die kennen wir aus dem Matheunterricht. Die Sinuskurve ist quasi eine Welle. Es geht hoch und runter. Hoch und runter. Manchmal ein bisschen steiler, manchmal ein bisschen flacher. Aber immer hoch und runter. Und weil das Leben eben viele *ups* und *downs* hat, passieren eben nicht nur schöne Dinge, sondern auch richtig schlimme. Menschen, denen du bedingungslos vertraut hast, belügen oder betrügen oder verlassen dich. Deine Katze stirbt, obwohl sie noch keine zwei Jahre alt ist. Du bekommst eine schwere Krankheit. Dein Freund betrügt dich mit deiner Cousine oder deiner Schwester oder deiner besten Freundin. Die Liste von furchtbaren Dingen, die uns passieren können, ist endlos lang. Glaubt mir, NIEMAND ist vor solchen Abstürzen geschützt. Es kann jedem von uns passieren. Jederzeit. Das gehört nun mal zum Leben.

Natürlich habe auch ich schon viele üble Sachen ertragen müssen. Keine Ahnung, wie oft schon. Und es wird vermutlich auch wieder passieren. Aber egal, wie schlimm es mich erwischt hat, wie oft ich nicht wusste, woher ich die Kraft nehmen sollte, um weiterzumachen: Ich bin immer wieder aufgestanden! Denn ich lasse mich nicht unterkriegen! NIEMALS. Weißt du, warum? Weil wir immer die Wahl haben! Vergiss das nicht. Es gibt nur einen Menschen, der entscheidet, ob und wie es weitergeht. Und das bist DU! DU entscheidest: Willst du aufgeben (*No way!* KEINE OPTION!) oder wie Phoenix aus der Asche aufsteigen? (NATÜRLICH willst du das!) Einige von euch erinnern sich bestimmt, wie schwierig es nach dem Ende von Monrose für mich war. Vier Jahre lang Überholspur. Vier Jahre lang Erfolg, Preise, Auszeichnungen, Partys, Applaus, viel Geld verdient. Und dann war alles vorbei. Es war unsere gemeinsame Entscheidung. Und trotzdem war es schwer ohne die Mädchen, ohne den Ruhm, ohne das Gefühl, jemand zu sein. Dazu die Männer, die mich verletzt und gekränkt und ausgenutzt haben, und die falschen Freunde, von denen ich dachte, ich könnte ihnen vertrauen und mich auf sie verlassen. Dann war da die Krankheit meiner Mama. Das alles waren so krasse Einschnitte in meinem Leben, tiefe Täler. Aber es ging irgendwann auch wieder aufwärts. Jedes Mal. Meine Mama wurde wieder gesund. Ich habe mich als Künstlerin neu erfunden, war auf Tour, hatte riesigen Erfolg.

Und was passierte dann? Am Höhepunkt meiner Karriere kam die Pandemie. So viele Menschen haben ihre Existenz verloren. Wir Künstler durften nicht mehr auftreten, verschwanden von den Bühnen und der Bildfläche, bekamen nicht mal moralische Unterstützung. Wer vorher nichts ansparen konnte, weil er einfach zu wenig verdient hatte, stand vor dem totalen Nichts. Diese verdammten Jahre bestanden auch für mich aus wirtschaftlichen Misserfolgen und Verlusten en masse. Statt Liebesbriefen bekam ich Vollstreckungsschreiben. (Damit bin ich immerhin meinem Muster treu geblieben – ich hatte immer schon eine toxische Beziehung mit dem Finanzamt.) Und obwohl man uns in der Schule nichts rund um Finanzen beibringt, uns auf nichts dergleichen vorbereitet, sind wir für alles verantwortlich, was uns passiert. Deshalb ist Eigenverantwortung in allen Bereichen so entscheidend.

Für mich die wichtigste Erkenntnis aus der Coronazeit: Es gibt für alles eine Lösung. FÜR ALLES! Und die zweite wichtige Erkenntnis: Schuld sind nie die anderen. Es liegt einzig und alleine in meiner Verantwortung. Deswegen habe ich aus diesen *fucking* Coronajahren das Beste für mich gezogen. Und konnte ab 2022 endlich wieder auf Tour gehen. Vielleicht warst du dabei? Dann erinnerst du dich ja, wie es war. MEGAKRASS. Es fühlte sich wie ein Comeback an. Egal, wie anstrengend es körperlich war, ich habe es geliebt. Es war großartig! Wir hatten so megaviel Spaß auf der Bühne, hinter der Bühne, im VIP-Bereich, bei den Autogrammstunden, mit den Supportern und Followern. Ich weiß nicht, wann ich das letzte Mal so viel gelacht habe, so glücklich war. Es war so befreiend. Kennt ihr den Satz *Wenn du viel lachst, weinst du danach?* Nach dem letzten Auftritt in Köln habe ich *just for fun* zu meinem Tourmanager gesagt: »Es war so großartig, mich erwartet zuhause bestimmt 'ne Bombe.«

Und genau das ist passiert. Ihr könnt euch nicht vorstellen, WIE heftig es wurde. Es hat mir komplett den Boden unter den Füßen weggerissen. Meine Welt ist zusammengebrochen. Denn es ist nicht einfach nur was richtig Blödes passiert. Etwas, wofür du mit ein bisschen Nachdenken eine Lösung findest. In meinem Fall ist so viel auf einmal passiert, dass ich echt nicht mehr klar denken konnte. Ich konnte nichts beeinflussen. Weder meine Familie noch ein Freund konnten mir den Schmerz abnehmen. Wenn es so krass kommt, dann stehst du da und fragst dich verzweifelt: aufgeben oder weitermachen? Du hast vielleicht Angst, weil du nicht weißt, wie es weitergehen soll, wie du all diese Probleme alleine lösen sollst. Und wenn du verzweifelt bist und in Panik gerätst, dann kannst du nicht klar denken. Glaub mir, ich kenne diese Gefühle, diese Panik. Ja, ich war verzweifelt und ich hatte Angst! Oh ja. Die Angst hat mich beinahe aufgefressen.

Möchtest du wissen, was genau passiert ist, nach dieser großartigen Tour? Ich war gerade erst zurück, im Frühjahr 2022, als es morgens um neun Uhr bei mir klingelte. NIEMAND wagt es, um diese Zeit bei mir zu klingeln! Nicht mal der Paketbote. Aber natürlich habe ich aufgemacht. Ich fühlte mich wie bei *Versteckte Kamera* oder *Verstehen Sie Spaß?*. Stehen da zehn Leute vor der Tür. Ohne Scheiß. Zehn Leute, Digga, ZEHN! Erst habe ich gedacht, es wären die Zeugen Jehovas. *Forget it.* Es waren Beamte vom Finanzamt. Hausdurchsuchung wegen des Verdachts der Steuerhinterziehung. Ernsthaft? *ME?* Ich, die NIE auch nur einen Cent vom Staat in Anspruch genommen hat, die vom ersten Tag an Steuern bezahlt, die NIE Schwarzgeld angenommen hat? (Und ich schwöre, ich hätte das gekonnt. Habe ich aber nie und würde ich auch nie.) Ich habe nicht mal Coronahilfe beantragt, weil ich dachte, dass es so viele andere Künstler gibt, die es nötiger brauchen.

Da tauchen also diese Steuerfahnder unangekündigt bei mir auf, marschieren in meine Wohnung, ignorieren dazu noch meine höfliche Bitte, ihre Schuhe auszuziehen – und ich konnte nichts machen, als ihnen das zu gestatten und ihnen etwas zu trinken anzubieten. Warum ich mich nicht gewehrt habe? Ich wusste nicht, wie! Aber ich schwöre euch, so was passiert mir kein zweites Mal, denn jetzt kenne ich meine Rechte. (Klingelt die Steuerfahndung, darfst du denen den Zutritt verweigern, bis dein Anwalt da ist.) Am Ende kam bei der Durchsuchung natürlich überhaupt nichts raus. Im *Handelsblatt* stand am nächsten Tag, dass eine große Firma Millionen im hohen zweistelligen Bereich veruntreut hatte. Meine damalige Firma war von denen gekauft worden. *Not my business.* Aber in diesem Zusammenhang ist leider mein Name aufgeploppt – ich hatte schlicht Pech, weil ich eine bekannte Künstlerin bin. Obwohl ich unschuldig war, hat mich die Aktion extrem verunsichert. Ich meine, die sind mit mir umgegangen wie mit einem Verbrecher. Dieses Gefühl, hilflos ausgeliefert zu sein, war übel. Es hat mir Angst gemacht.

Gerade, als ich diesen Schock verarbeitet hatte und dachte, schlimmer kann es nicht kommen, ist plötzlich meine Seelen-Katze Jamani gestorben. Keine zwei Jahre alt. Wenn jemand so jung ist und nicht krank, dann bereitest du dich doch nicht auf den *worst case* vor. Einige von euch wissen, wie sehr Jamani mir geholfen hat, diese furchtbare Coronazeit zu überstehen. Ich hatte sie als Baby zu mir geholt. Sie hat auf dem Kopfkissen neben mir geschlafen. Stundenlang habe ich mit ihr gespielt, gekuschelt. Und dann fällt sie einfach um und ist tot. Völlig unvorhersehbar. Das war so unfassbar. Ein furchtbares Ereignis, mit dem du nicht rechnest, löst natürlich Unsicherheit und Ängste aus. Auch wenn ich mich nie selbst bemitleidet habe – als Jamani gestorben war, gab es Momente, in denen ich aufgeben wollte. Aber jammern ändert nichts und aufgeben auch nicht. Also habe ich mir selbst in den Hintern getreten und mich gezwungen, MEINE Lösung für die Situation zu finden. Und das habe ich.

Obwohl es wirklich eine harte Zeit war, bin ich im Rückblick dafür dankbar. Denn wäre das alles nicht passiert, würde ich noch immer in diesem süßen Halbschlaf vor mich hindämmern. Ich habe so verdammt lange geschlafen. Zu lange. Jetzt schaue ich anders auf die Welt, auf die Politik. Wach und kritisch. Mit meinen Rechten, mit Politik und Wirtschaft habe ich mich erst dann ernsthaft auseinandergesetzt, als alles Schlimme auf einmal passiert ist. In diesem Moment habe ich eine meiner wichtigsten und besten Entscheidungen überhaupt getroffen: FÜR Eigenverantwortung. Das war meine Lösung. Wie ich darauf gekommen bin? Mir wurde bewusst, wenn du dich nur mit ablenkenden Störfaktoren wie Gossip und Dramen und falschen Freunden beschäftigst, statt dich um Dinge zu kümmern, die wirklich wichtig sind in deinem Leben, dann bist du einfach nicht vorbereitet. Ich hatte also die Wahl zwischen Gossip & Co. oder Eigenverantwortung. Wofür würdest du dich entscheiden? Denn das muss dir bewusst sein – DU hast IMMER die Wahl!

Ich habe jedenfalls beschlossen, meine Lebenszeit nicht länger mit Bullshit zu vergeuden. Glaub mir, seit ich nicht mehr diese falschen Menschen am Start habe, läuft's bei mir. Denn wenn du schlechte Menschen um dich hast, bekommst du die schlechtesten Ratschläge. Wenn du gute Menschen um dich hast, bekommst du die besten Ratschläge. Wenn du aber gar keine Menschen um dich hast, ist das das Beste, was dir passieren kann – denn dann hörst du endlich mal wieder auf dich! Auf das, was DU brauchst!

Weiterer Vorteil: Ohne all die Ablenkungen hast du endlich viel Zeit! Nutze sie. Das ist, was ich tue – ich höre nur noch auf mich selbst und setze mich mit Dingen auseinander, die wichtig für mein und für unser aller Leben sind.

Das hast du bislang nicht getan? Kein Thema. Dann tu es jetzt. Es ist nie zu spät, damit zu beginnen. Fang einfach an. Jetzt. Das gilt übrigens auch für deine Gesundheit! Wir sollten nicht so gedankenlos mit unserem Körper umgehen. Für kein Geld der Welt kannst du dir Gesundheit kaufen. Deswegen ist sie das Wichtigste in unserem Leben. Sie ist ein Geschenk, das wir wertschätzen müssen. Wenn wir es nicht tun, kann das echt miese Konsequenzen für unser Leben haben. So war es jedenfalls bei mir. Es gab eine Zeit, da hatte ich häufig eine Angina. Jedes Mal bekam ich Antibiotika. Wusstest du, dass, wenn du oft Antibiotika nimmst, das dem Körper langfristig schadet, vor allem dem Herzen? Bei mir waren die Folgen der vielen Antibiotika Schlafstörungen, Heißhunger auf Süßes und, ohne Scheiß, Entscheidungsprobleme. Ich kam damals oft zu spät – weil ich mich manchmal nicht für ein Paar Schuhe entscheiden konnte. Es gab Tage, da hatte ich Migräne. Panikattacken. Abends wollte ich nicht rausgehen, weil ich Angst hatte, ich könnte umkippen. Das war alles so unangenehm. Also bin ich zum Arzt. Seine Diagnose hat mich umgehauen: Schimmelpilze im Darm. Wegen der vielen Antibiotika. Und was sagt der Doc? »Kein Problem, du verzichtest ab sofort auf ein paar Produkte, sanierst deinen Darm und dann ist gut.« Im Klartext hieß das, keine Weizenprodukte, keine Milchprodukte, kein Zucker.

WHAT?! NIEMALS! Ich wollte sterben. Auf all das soll ich jetzt für den Rest meines Lebens verzichten? NEIN! NEIN! NEIN! »Nicht für den Rest deines Lebens«, hat der Arzt gesagt. »Für eine gewisse Zeit. Senna, dein Körper war viele Jahre lang gut zu dir. Es ist an der Zeit, dass du gut zu ihm bist. Sonst besteht die Gefahr, dass du eine chronische Krankheit bekommst.« Chronische Krankheit! Alarmstufe Rot. *Worst case!* Wir denken dabei ja alle als Erstes an Krebs. Als der Arzt »chronische Krankheit« sagte, war das der *wake-up call* für die Security in mir. Ich habe meinem Körper hoch und heilig versprochen, *dich beschütze ich jetzt!*

Ich schwöre, ein Jahr lang war ich total streng – keine Weizen-, keine Milchprodukte, kein Zucker. Alle zwei Monate bin ich zur Blutkontrolle. Als mein Darm wieder im Gleichgewicht war, erlaubte mir der Arzt einen *cheat day* pro Woche. Ihr wisst schon – Pizza mit doppelt Käse plus Cheeseburger plus Milchshake plus Eiscreme. Alles, was direkt auf die Hüften geht. Übrigens hab ich den Mittwoch zum Ich-esse-worauf-ich-Bock-habe-Tag auserkoren. Weil Montag erledigen wir alles, Dienstag ruhen wir uns vom Montag aus. Donnerstag ist Ladies Night, *date night with besties* und ihr dreht anständig auf und durch. Freitag ist der Anfang vom Wochenende. Samstag sehen wir gut aus und zeigen uns im Club. Sonntag hast du keinen Druck, kannst zuhause chillen. Bleibt also nur Mittwoch. Der war für mich schon immer bedeutungslos. Also habe ihm Bedeutung verpasst und ihn zu meinem *cheat day* erklärt.

Wisst ihr eigentlich, wie wichtig ein *cheat day* ist? Manchmal musst du nämlich ausbrechen! Wohlgemerkt, manchmal. Wie bei allem im Leben kommt es auf die Dosierung an. Denn wenn du gesund leben willst, darfst du natürlich auch mal ungesund essen. *Guess what.* Als es endlich mit diesem *one cheat day per week* losging, wollte ich ihn gar nicht mehr so hart. Warum? Weil ich mein inneres Gleichgewicht gefunden und meine Sucht in den Griff bekommen hatte. Kaffee, Zigaretten, Süßigkeiten, fettige Pizza und Burger – alles kein Problem mehr. Seit ich mich ausgewogen ernähre, fühle ich mich gesund, ausgeglichen und voller Energie.

Wichtig war, zu verstehen, dass meine Krankheit nicht plötzlich entstanden ist. Wenn also dein Körper erste Signale zeigt, hör unbedingt auf ihn! Wenn du sie über Jahre ignorierst, holt dein

Körper eben irgendwann die Keule raus, damit du endlich hinhörst. Vergiss bitte nie, dein Körper ist NICHT DEIN FEIND! Im Gegenteil – er sagt dir sehr klar, wenn etwas nicht rundläuft in deinem Leben: dass du den falschen Partner hast oder den falschen Job oder die falschen Freunde. In meinem Fall war es alles auf einmal. Ja, selbst der Job fühlte sich nicht mehr richtig an. Mein Körper hat mich schließlich wachgerüttelt, und leider habe ich erst hingehört und hingeschaut, als er am Limit war. Deswegen schau genau hin, was in deinem Leben passiert, was dich belastet, vielleicht sogar krank macht. Geh sorgsam mit deinem Körper um, hör ihm zu, dann ersparst du dir mögliche chronische Krankheiten. Und du musst auch auf nichts verzichten.

Dieser sorgsame Umgang mit dir selbst gilt übrigens auch für Beziehungen und natürlich auch für Freundschaften. Wenn du mit dem falschen Partner zusammen bist, wirst du krank. Ganz besonders dann, wenn er nicht der ist, den du dir wünschst. Du weißt das, du bist nicht glücklich mit ihm, weil deine Werte nicht seine Werte sind. Du bist mit ihm zusammen, um nicht alleine zu sein. Du trennst dich nicht, weil du glaubst, Alleinsein ist schrecklicher, als zu zweit unglücklich zu sein. Du bleibst bei ihm, weil du glaubst, dass die Gesellschaft von dir erwartet, einen Partner zu haben – obwohl du gar nicht weißt, was du eigentlich willst. Das sind alles Beispiele dafür, dass du krank werden kannst. Wenn du also trotzdem in dieser Beziehung bleibst und dann krank wirst, sollte das dann aber dein allerletzter *wake-up call* sein. Bitte nimm ihn ernst! *Go, girl!* Triff die richtige Entscheidung.

Ich weiß, du wirst es schaffen, dein Leben wieder in die Hand zu nehmen und gesund zu werden. Und mach dir bitte bewusst: Wenn du dich aus deiner toxischen Beziehung befreit hast, geht die eigentliche Arbeit erst los. Es ist wie mit Schimmelpilzen im Darm: Erst bekommst du die Diagnose, und dann musst DU dafür sorgen, wieder gesund zu werden. Indem du dein Immunsystem, deine Darmflora wieder aufbaust. Übertragen auf deine beendete Beziehung bedeutet es, dass du an deinem Selbstbewusstsein arbeiten musst. Dich selbst wieder aufbaust. So findest du deinen Seelenfrieden. Warum ist der so wichtig? Ich verrate es dir. Er ist das Geheimnis für ein glückliches Leben. Ohne Seelenfrieden gerät alles durcheinander, im schlimmsten Fall wirst du krank. Nur DU bist dafür verantwortlich, dass es deinem Körper und deiner Seele gut geht. Niemand anders kann dir Seelenfrieden schenken. Du fragst, wie das funktioniert? Wie du es schaffen kannst? Ehrlich, diese Frage habe ich mir auch gestellt. Es hat ein bisschen gedauert, bis ich dahinterkam, und dann musste ich lachen, weil die Antwort so leicht ist.

Teil eins der Antwort lautet: Du musst es wollen.

Teil zwei der Antwort lautet: aufräumen.

Ohne Scheiß. Räume auf. Innerlich UND äußerlich. Der erste Schritt ist bekanntlich immer der schwierigste. Aber ich schwöre, die Belohnung ist krass geil. Denn die wirklich wichtige Frage ist: Willst du gesund sein, gesund werden, gesund bleiben? Willst du aufs nächste Level kommen? Meine Antwort war und ist ein klares JA. Deswegen habe ich ein Jahr diszipliniert auf alles verzichtet, was meinem Darm nicht gutgetan hat. Deswegen der *cheat day*, deswegen seit Jahren eine gesunde, ausgewogene Ernährung. Übrigens habe ich damals auch mit Sport angefangen. ICH?! Leute, ich und Sport! Ich meine, wenn ich eine Orange geschält habe, hatte ich Schnappatmung. Der einzige Sport, den ich bis dahin betrieben hatte, war, mit meiner Sporttasche am Fitness-Studio vorbeizuschleichen. DAS war meine Trainingseinheit! Aber nach dem Gespräch mit dem Arzt habe ich angefangen, Sport zu treiben und meinen Körper zu formen. Ab da ging es mir immer besser. Seitdem habe ich übrigens auch nie wieder eine Angina bekommen. Krank werde ich maximal einmal im Winter, wenn sowieso Erkältungszeit ist. Glaub mir, mit Mitte 40 fühle ich mich fitter als vor 20 Jahren. Denn ich höre mehr als je zuvor auf meinen Körper, wenn er mir auch nur die kleinsten Signale gibt.

Ich verdränge nie wieder! Lieber gehe ich einmal mehr zum Arzt, statt etwas zu verschleppen. Ich habe verstanden, dass es besser ist, das zu wählen, was man braucht – und nicht das, was man will.

**Aus der Asche des Gestern
erhebt sich ein neuer Tag,
ein neuer ANFANG.**

3.
GEFANGENSCHAFT VS. FREIHEIT

Als Rubina und Sahid sich verlieben, sind beide sicher, das Schicksal hat sie zusammengeführt. Schon nach kurzer Zeit feiern sie eine große Hochzeit. Bald darauf wird Rubina schwanger. Ihr Leben scheint perfekt. Für ihre Familien und Freunde sind Rubina und Sahid mit ihren beiden Jungs eine Bilderbuchfamilie. Aber der Schein trügt. Mit der Geburt der Zwillinge werden neue Routinen notwendig, gehen die Leichtigkeit ihrer Ehe und das gegenseitige Begehren verloren. Rubina und Sahid sind kein Liebespaar mehr, sondern nur noch Eltern, die wie WG-Bewohner ihren stressigen Alltag organisieren müssen. Sahid bemerkt nicht mehr, wenn Rubina beim Friseur war oder sexy Unterwäsche trägt. Er kommt abends immer später nach Hause, an den Wochenenden zieht er mit seiner Gang durch die Clubs, als wäre er wieder in seinen 20ern, während Rubina sich um die Kinder und den Haushalt kümmert. Ihre Vermutung, dass ihr Mann eine andere hat, wird zum absoluten Projekt. Ihre beste Freundin rät, Sahids Handy auf gelöschte Fotos zu checken. Und Rubina findet, was sie befürchtet hat: Sahid betrügt sie mit einer Jüngeren. Aber wie geht sie mit diesem Drama um? Wird sie Sahid gestehen, dass sie an seinem Handy war? Oder wird sie es totschweigen? Wird sie stattdessen an sich zweifeln, sich als unattraktiv und nicht mehr begehrenswert empfinden? Oder stellt sie Sahid zur Rede? Schmeißt sie ihn raus? Oder ist ihr Respekt füreinander groß genug, um ihre Probleme mit Hilfe eines Paartherapeuten zu lösen?

Hopp oder top? Was würdest du tun? Welche Option wählen? Ich glaube, ich weiß, wofür die meisten sich entscheiden würden. Sie würden schweigen. Statt ihn zu konfrontieren, würden sie ihre Konkurrentin ausspionieren, richtig? Und du? Würdest du nicht auch deinen ganzen Hass nur auf sie projizieren? Weil du glaubst, dass SIE das Problem ist? Das ist das Ergebnis von Problemen, die man in Schubladen steckt, statt sich mit ihnen auseinanderzusetzen. Denn IHR selbst seid das Problem, du und dein Mann. Die andere Frau ist (bislang) nur das Ergebnis eurer Probleme, die ihr bislang nicht miteinander besprochen habt. Weißt du auch, warum du euer Problem NICHT mit deiner besten Freundin besprechen solltest? Sie ist nicht du, sie fühlt nicht, was du fühlst. Grundsätzlich hast du erst mal nur zwei Optionen: Du sprichst das Problem bei deinem Freund oder Ehemann an und ihr findet gemeinsam eine Lösung. Oder du trennst dich. Alles andere ist auf Dauer ungesund. (Du erinnerst dich an die Schimmelpilze im Darm? Wenn man nichts dagegen unternimmt, wird es chronisch.)

Bitte denk daran, DU musst eine Entscheidung treffen, mit der DU auf lange Sicht wieder glücklich wirst. Ich verstehe, wenn du dich wegen der Kinder nicht trennen willst oder weil es schwierig ist, eine bezahlbare Wohnung zu finden. Ich verstehe auch, wie sehr du an dieser Beziehung, dieser Ehe festhältst. Aber um welchen Preis? Sollen deine Kinder lernen, dass eine Ehe beide Eltern unglücklich macht? Dass es normal ist, dass Papa und Mama ihre Probleme nicht miteinander besprechen, sondern streiten? Dass sie keinen Respekt voreinander haben? Ich frage dich ernsthaft, sind getrennte, dafür glückliche Eltern nicht ein besseres Vorbild für Kinder? Natürlich kannst du ihm gegenüber verschweigen, was du weißt. Aber wie wirst du dich dabei fühlen? Wenn du weißt, dass dein Mann dich betrügt? Wie willst du ihm je wieder vertrauen? Wie willst du dann glücklich werden?

Ich sage dir, wenn du dich für DICH entscheidest, wirst du für all deine anderen Probleme eine Lösung finden. Du wirst Menschen finden, die dich unterstützen. Das klingt einfacher, als es ist, ich weiß das nur zu gut. Deswegen behaupte ich auch nicht, dass es leicht ist, so eine Entscheidung zu treffen. Und wenn du dich für DICH und ein glückliches Leben entscheidest, wirst du ein paar Dinge klären, dich von einigen Menschen trennen und dir ein paar neue Verhaltensweisen angewöhnen müssen. Das geht nicht über Nacht, es braucht Geduld und kostet Kraft – aber ich weiß, du schaffst das! Ich glaube an dich! Vertrau mir – und hab Vertrauen in DICH und deine Kraft. Ja, sich zu trennen, ist kein Spaziergang. Aber wozu in einer unehrlichen, unglücklichen Beziehung gefangen statt frei zu sein? Er wird dich vermutlich weiterhin betrügen und belügen. Euer Respekt füreinander geht verloren. Für mich klingt es, als wäre es Zeit für einen Wandel. Das Leben besteht nun mal aus ständiger Veränderung. Nichts bleibt, wie es ist. Fragt mal eure Eltern und Großeltern. Niemand führt einfach ein sorgenfreies Leben, weil das Leben nun mal nicht sorgenfrei ist. Also, entweder eine Lösung für das Problem finden, oder trenn dich, damit das Problem mit ihm geht.

Es stimmt, wir leben in schwierigen Zeiten. In unruhigen Zeiten. Besonders Corona hat viele von uns ans Limit gebracht. Ja, auch mich. Und trotzdem, am Ende bin ich als Siegerin aus dieser schweren Zeit hervorgegangen. Weil ich mich vom Leben NIEMALS in die Knie zwingen lasse. Egal, mit welcher Scheiße es um die Ecke tanzt. Corona hat uns die Chance gegeben, uns mit uns selbst auseinanderzusetzen. Andere sagen, Corona hat uns dazu gezwungen. Ich lasse mich nicht zwingen! Aber ich erkenne Chancen, wenn sie mir vor die Füße knallen – und nutze sie. Und als im Jahr 2020 meine realen Sorgen anfingen, habe ich nicht länger die Augen zugemacht. Nein. Ich habe hingeschaut – und sie als Chance erkannt. Also habe ich mich auseinandergesetzt mit mir und meinem Leben. Habe mir die richtigen Fragen gestellt: Wer sind meine wahren Freunde? Was bedeutet mir meine Familie? Was will ich vom Leben? Will ich neu beginnen?

Mir wurde klar, ich habe nicht mal eine Handvoll Freunde, aber dafür waren sie die richtigen. Ich habe begriffen, die Familie muss nicht groß sein. Denn Familie sind die Menschen, die dich am besten kennen. Und wenn die Welt gegen dich zu sein scheint, steht die Familie neben dir, hinter dir und vor dir. Familie ist der Schoß deiner Mama, wo du ehrlich sein kannst wie ein Kind. Familie ist eine Umarmung, wenn du es nicht verlangst, aber brauchst. Und als ich mir all das klargemacht habe, war meine Antwort auf all meine Fragen: Ja! Ja, ich ergreife die Chance, ich will neu beginnen.

Dazu kam, dass ich das erste Mal in meinem Leben wirklich alleine war. Der ganze Corona-Scheiß mit all den Verboten und Ängsten war so erschütternd. Alles, wirklich ALLES stand ja auf dem Prüfstand. Es war so krass. Ich hatte Angst, mich zu äußern, ich hatte Angst vor der Polizei, ich hatte Angst, um den Block zu laufen. Das Manipulieren und das Draufschlagen und dann das Einknicken von vielen, das hat mich schon verunsichert. Das Leben wurde uns so schwer gemacht. Und dann die Auseinandersetzung mit dem, was war. So viele Enttäuschungen, so viele Vorwürfe, so viel Verrat, so viele Trennungen, so viel Verlust. Eingesperrt zu sein, obwohl man frei ist. Meine Rettung waren meine Katzen.

Diese Jahre waren schrecklich und hart – und gleichzeitig so gut. Ich meine es ernst! Weißt du, warum ich so dankbar für die Zeit bin, in der ich alleine eingesperrt war, nicht arbeiten, niemanden treffen durfte? Weil mein Heilungsprozess begonnen hat. Weil ich mich mit den Dramen meines Lebens beschäftigt, mir all meine Narben angeschaut hab. Ja. Das bedeutet heilen. Zu akzeptieren, was bis dahin passiert ist. Ich muss gestehen, am Anfang hatte ich überhaupt keinen Plan, wie so ein Heilungsprozess funktioniert. Es sagt dir keiner. Du triffst also die Entscheidung, dass du es willst, und dann sitzt du da und denkst, wie geht denn das? Wo fange ich an? Muss ich jetzt weinen? Klappe ich erst mal den Laptop auf und google das? Oder sitze ich nur da und warte darauf, dass die Heilung beginnt? Vielleicht muss ich ja nur ruhig atmen? Vielleicht überkommt es mich im Schlaf? Ihr könnt euch nicht vorstellen, wie sehr ich diesen Heilungsprozess wollte, über den immer alle so begeistert reden. Aber passiert ist erst mal nur, dass Punkt 18 Uhr alle auf ihren Balkonen standen und geklatscht haben. Desinfektionsmittel wurde zum Parfüm des Jahres. Die Leute sind dem Klopapier hinterhergejagt. KLOPAPIER! Alter, was war denn los?

Dieser Heilungsprozess war also vorerst nur ein großes Rätsel. Abgesehen davon ging es mir lange so wie Rubina. Festhalten an alten Mustern, aus Angst vor Veränderung. Ich wollte meine Freundschaften, meine On-off-Beziehung auch deswegen nicht loslassen, weil ich Angst hatte, was Neues anzufangen, und auch zu bequem war. Wie Rubina habe ich mir von meiner damals besten Freundin die falschen Ratschläge geben lassen und Dinge getan, die nicht effektiv für mich waren. Die mich in meiner Entwicklung kein bisschen nach vorne gebracht haben. Ich habe an allem Schlechten festgehalten – und das Problem bei mir gesucht. Aber die simple Wahrheit ist, wir haben nicht mehr zusammengepasst – weder meine damals beste Freundin noch meine On-off-Beziehung. Auch viele meiner Freundschaften haben nicht mehr funktioniert. Unsere gemeinsame Zeit war einfach vorbei. Das zu erkennen, bedeutet aber, dass du aus deiner Komfortzone rausmusst. Was ich auf gar keinen Fall wollte! Ja, ich hatte Angst vor einem Neuanfang. Die Vorstellung war Horror. Etwas beenden, vielleicht umziehen, neue Freunde finden, mich mit mir auseinandersetzen. Deswegen habe ich das auch jahrelang immer beiseitegeschoben. Ja, ich habe in einem selbstgebauten Gefängnis gelebt ohne Verlangen nach Freiheit.

Aber dann kam eben der Lockdown. Und plötzlich musste ich meine Komfortzone verlassen, war ich gezwungen, mich mit all diesen Fragen auseinanderzusetzen, die ich davor immer gemieden hatte. Es war so surreal, dass wir nicht mehr rausdurften. Als hätten wir etwas angestellt und deswegen Hausarrest. Und was tust du, wenn du dein Zimmer nicht verlassen darfst? Nur das, worauf du Bock hast. Und genauso das habe ich die ersten Tage im Lockdown gemacht. Ich habe Kuchen gebacken (der natürlich verbrannt ist), wie wild bei Amazon bestellt (Dinge, die ich nicht brauchte, nur wollte). Zum Frühstück gab's eine Tüte Chips im Bett. Ein und denselben Film zehnmal geguckt. Ich dachte nur, wen bockt's? Sieht doch keiner, ist meine Wohnung! Mir war echt alles egal. Außerdem hat mir das Gefühl, dass alle auf der Welt gerade zuhause bleiben müssen, die Angst genommen.

Meine damals beste Freundin hatte mir ja diesen bescheuerten Rat gegeben, mir einen Fake-Account zuzulegen, um meinen Ex zu stalken. Habe ich *hardcore* getan! Klingt negativ? War es auch. Aber ich brauchte das. Egal, was, ich musste alles im Übermaß tun. Ich war in Storys von Menschen gefangen, die ich nicht mal mochte. Krank! Weil ich genau wusste, irgendwann habe ich darauf keine Lust mehr. So war es dann auch. Als ich gemerkt habe, dass es alles gar nicht geil war, dass ich sogar vergessen habe zu duschen, war Schluss. Ich meine, wenn du in den Spiegel guckst und denkst, dein Bruder guckt dich an – so mit Oberlippenbart. Da ist dann echt das Limit erreicht. Mir wurde klar, was ich gerade für einen Bullshit am Start habe. Dass alles, was so negativ war, mich vom Wesentlichen abgelenkt hat, und dass mir IMMER irgendwas gefehlt hat in meinen Freundschaften, in meinen Liebesbeziehungen, in meinem Job. Mir wurde klar, dass ich nirgendwo richtig reingepasst habe. Mir wurde klar, dass auf der Bühne zu stehen, nicht ausreicht für meinen Beruf. Mir wurde klar, meine On-off-Beziehungen waren nur deswegen *on-off*, weil ich dachte, ich kriege nichts Besseres. Ich finde niemanden, der besser zu mir passt.

Besonders bitter war, als mir klar wurde, dass meine damals beste Freundin nur deswegen meine beste Freundin war, weil ich ihr nutzte. Und als sie alles von mir hatte, als sie mich ausgesaugt hatte, war auch ihre Loyalität weg. Das habe ich vorher nicht erkannt. Damals habe ich sie als meine beste Freundin gesehen, weil ich es so unbedingt wollte. Weil ich Angst hatte, alleine in den Urlaub zu fliegen oder alleine ins Kino zu gehen oder alleine im Restaurant zu hocken. Damals hatte ich einfach nur Angst, wenn ich diese Freundschaft beende, nachdem ich in meinem Leben schon so viele Freundschaften beendet habe, könnten die Leute denken, es liegt nur an mir, ich bin das Problem. Heute interessiert es mich nicht mehr, was die Leute über mich denken. Und das ist es, was mich mit Roxy verbindet. Wir wollen, dass unser Leben so funktioniert, wie wir es uns vorstellen. Kennst du diesen Wunsch? Obwohl du eigentlich weißt, dass eure Zeit miteinander vorbei ist, dass es nicht mehr passt, hältst du fest und versuchst, deine Beziehung oder deine Freundschaft zu retten. Weil wir uns ungerne von Dingen, von Menschen oder Gewohnheiten trennen, weil wir keine Veränderung wollen, flicken wir an allen möglichen Stellen herum. Versuchen verzweifelt, zu retten, was nicht mehr zu retten ist. Denn wenn etwas vorbei ist, ist es vorbei. Manches ist so zerstört, dass die einzige Rettung ist, dich zu retten und zu gehen.

Wenn du in dieser Situation bist, dann stell dir die Frage: Macht mich diese Beziehung, diese Freundschaft, dieser Job noch glücklich? Oder verhindert sie beziehungsweise er, dass ich glücklich bin oder es (wieder) werde? Wenn du dir ehrlich antwortest, weißt du, dass es vorbei ist. Egal, wie schmerzhaft es ist, egal, wie viel Angst es dir macht, und egal, wie schwierig es anschließend erst mal ist – triff die richtige Entscheidung. Und die richtige Entscheidung ist FÜR DICH. Manche Beziehungen, manche Freundschaften zerbrechen nun mal. Lass diese Menschen gehen. Es wird etwas, jemand Neues kommen. Das verspreche ich dir! Es mag für dich verrückt und paradox klingen, aber als mir bewusst wurde, wie viel Angst ich vor einem Neuanfang hatte, war das der Startschuss für meinen Heilungsprozess. Aha! Genauso beginnt er. Der Heilungsprozess beginnt mit eurem Ende!

Als ich das verstanden hatte, wurde ich aktiv. Das hieß, Schluss mit schlechtem Essen, Schluss mit Fake-Accounts und Stalking,

Schluss mit Gossip glotzen und rumgammeln. Stattdessen bin ich erst mal meine alten Beziehungen und ehemaligen Freundschaften durchgegangen. Habe Chatverläufe gelesen, auch, was ich damals geschrieben habe. Erinnerst du dich, was ich dir über Lösungen gesagt habe? Es gibt nicht nur eine! Deswegen, wenn du mich heute fragst, wie man den Heilungsprozess noch beginnen kann, würde ich dir vorschlagen, erinnere dich an das, was war. Vielleicht hast du ein Tagebuch oder alte Briefe oder E-Mails. Bei mir ist alles im Kopf gespeichert. Ich kann meine Erinnerungen jederzeit abrufen. Auf Knopfdruck. Okay, und mit Hilfe von gespeicherten Fotos und Videos und Chatverläufen.

Mein Rat ist, guck dir deine eigenen Filme an statt Netflix-Serien, statt stundenlang Videos auf TikTok anzuschauen. Fang an, deine eigene Geschichte zu lesen. Bei mir funktioniert das super, wenn ich putze oder backe. Während ich meine Wohnung also auf Hochglanz polierte, habe ich das Chaos in meinem Kopf sortiert. Stück für Stück, Bild für Bild, Puzzleteil für Puzzleteil. Dabei geholfen haben Disziplin und Routinen. Disziplin habe ich sowieso, Routinen musste ich mir erst hart angewöhnen. Um nicht bis mittags im Bett zu liegen, habe ich mir den Wecker gestellt. Früh aufstehen und aufräumen (mittlerweile brauche ich keinen Wecker mehr). Das war der Anfang. Als Nächstes ging es an meinen Kleiderschrank. Was mir wirklich schwergefallen ist. Es gab viele Klamotten, die wollte ich nicht hergeben, weil da Erinnerungen dranhingen. Am Ende habe ich zwölf große Tüten aussortiert. Die Frage war jetzt: Wohin damit? Schließlich konnte ich die unmöglich in den Müll schmeißen. Das waren ja alles gute Sachen, hohe Qualität, zum Teil wie neu. Wer könnte sich darüber freuen? Wie schaffe ich sie weg? Ohne eigenes Auto? Mit solchen Fragen habe ich mich auseinandergesetzt. Was tatsächlich Spaß gemacht hat, als mir klar wurde, darum geht es ja im Leben: Wenn du etwas nicht kannst, versuche es. Wenn du etwas nicht weißt, lerne. Finde eine Antwort oder eine Lösung.

Was ich mit meinen aussortierten Sachen getan habe? Ich habe sie an Menschen verschenkt, die sie benötigten. Damit konnte ich gut abschließen. Denn ich habe nicht nur fremden Menschen eine Freude gemacht, sondern mir selbst auch. Ich war froh, dass meine schönen Sachen weiterhin getragen werden würden. Und ich mochte es sehr, wie ordentlich mein Kleiderschrank jetzt war. So übersichtlich. Außerdem war es so krass, Klamotten gefunden zu haben, die ich lange nicht mehr anhatte. Wisst ihr, was am Ende wirklich toll war? Ich hatte nicht nur meinen Kleiderschrank aufgeräumt und sortiert, sondern auch meine Gedanken. Natürlich gab es noch immer viel Chaos in meinem Kopf, aber der Anfang war gemacht und das Chaos hatte seinen Platz. Als Nächstes ging es dann in die Küche. Kühlschrank säubern. Geschirr sortieren. Besteck, Gewürze, Vorräte. Danach kam das Badezimmer dran, dann der Flur. Ich habe wirklich ALLES sortiert. Sogar meine Lippenstifte und meine Tampons. Drei Wochen lang habe ich ausgemistet, aufgeräumt und sauber gemacht. Es hat mir so gefallen, dass meine komplette Wohnung jetzt wie neu war.

Als Nächstes bin ich dann zur Maniküre, zur Pediküre, zur Massage, zum *waxing*. Danach neue Unterwäsche shoppen. Mögt ihr auch dieses Gefühl, wenn eure Wohnung *fresh* ist, eure Bettwäsche *fresh* riecht, ihr im Hamam wart und dann eure neue Unterwäsche tragt? So noch nie gemacht? Dann probier es aus. Es fühlt sich so gut an. Nachdem ich mich verwöhnt und gepflegt hatte, wollte ich, dass auch mein Leben draußen *clean* und ordentlich wird. Deswegen habe ich Instagram und Facebook und meine Kontaktliste aufgeräumt und diverse Menschen, ja, aussortiert. Das alles hat natürlich mehr Zeit gebraucht, als bis hierher zu lesen. Aber Zeit hatten wir in der Coronaphase ja mehr als genug. Meine nächste Übungslektion war, NEIN zu sagen. Wenn mich also jemand auf einen Kaffee treffen wollte und ich hatte keine Lust auf die Person, habe ich »Nein, danke« gesagt. Nicht respektlos, nicht arrogant. Nur höflich, klar und deutlich. OHNE Begründung! Das ist mutig? Oh, ja, das ist mutig. Mit Freundlichkeit DANKE zu sagen oder zu schreiben, war so befreiend. Am Anfang hatte ich zwar noch das Bedürfnis, mich zu erklären, aber ich wollte es nicht wollen. Schließlich sollte sich etwas in meinem Leben ändern. Heute hebe ich mir Erklärungen für die Menschen auf, die mir was bedeuten.

Dieses ganze Aufräumen und (Aus-)Sortieren hat mich nachdenklich gemacht, als ich mal wieder ein paar Lebensmittel einkaufen musste. Plötzlich habe ich mich gefragt: *Was brauche ich wirklich in meinem Kühlschrank? Was brauche ich wirklich zum Leben?* Geh doch einfach nur mal in einen normalen Supermarkt und mach die Augen auf, wie viele unterschiedliche Marmeladensorten da angeboten werden! So krass! Erdbeermarmelade zum Beispiel – zehn Millionen verschiedene Varianten. Oder Joghurt. Oder Butter. Oder Schokolade. Brauchen wir das *wirklich* alles? Natürlich nicht. Es ist der totale Überfluss. Jederzeit. Seit ich mir das bewusst gemacht habe, kaufe ich nur noch das Nötigste. Nicht, was ich *denke* zu brauchen, landet im Einkaufskorb, sondern nur, was ich wirklich brauche. Damit hatte sich wieder etwas sortiert in mir. Mir wurde klar, plötzlich hatte alles eine Struktur. ICH war endlich strukturiert.

Selbst eine der heftigsten Hürden habe ich gemeistert: meinen Briefkasten. Also den echten, im *real life*. Für mich war das immer der größte Horror der Welt. Aber mit meiner neuen Struktur und der Eigenverantwortung habe ich gedacht, es kann nicht sein, dass ich immer Mahnungen statt Rechnungen bezahle. Ich habe mich gefragt, warum ich das tue. Weil ich zu faul bin, an den Briefkasten zu gehen. Und warum bin ich zu faul? Weil ich Angst davor habe, was darin ist. Warum habe ich Angst davor? Weil da nur Negatives drin ist. Dieses Gespräch habe ich mit mir selbst geführt und dann NEIN gesagt. Nein, der Briefkasten selbst ist ja gar nicht negativ. Er informiert mich einfach nur, was ich zu bezahlen habe. Einmal erledigt – alles okay. Diese Erkenntnis war so eine Erleichterung. Jetzt leere ich ihn, ohne darüber nachzudenken, einmal die Woche, und sortiere alles sofort. Überweise meine Rechnungen (denn was anderes kriege ich nicht).

Guess what. Inzwischen bin ich sogar so weit, dass ich meine Buchführung selbst mache. *No kidding.* Wenn ich meine Quittungen sortiere, erinnere ich mich, wo ich war und wie viel Geld ich wofür ausgegeben habe. Es gehört einfach dazu, denn es ist so wichtig, diesen Durchblick zu haben. Gerade was deine Finanzen angeht! Dank diesem Durchblick habe ich keine Angst mehr, es könnten unangenehme Sachen passieren. Denn selbst wenn, werde ich es sortieren und eine Lösung finden. Versteht ihr, was ich meine? Ich sehe ein Problem, erkenne es und konzentriere mich auf die Lösung.

Schreib dir eine Liste mit drei Spalten: Brauchen – Haben – Wollen. Diese drei Fragen solltest du beantworten können. Du kannst sie aber nur dann beantworten, wenn du es sehen kannst. Und sehen kannst du es nur, wenn es sortiert ist. Und wenn du es beschriftet hast. Alles andere ist rausgeschmissenes Geld und lästiges Chaos. Ohne Scheiß. Erst durch das Aufräumen habe ich gesehen, dass ich Sachen doppelt und dreifach hatte. Abgesehen von der finanziellen, wirtschaftlichen und auch der moralischen Seite, musst du erkennen: Du hast die Kontrolle verloren. Auf Jahre hochgerechnet, wird dich so eine Haltung ruinieren. Glaub mir, es fühlt sich fantastisch an, den Überblick zu haben. Ich habe ihn und feiere das ganz hart.

Seitdem fühle ich mich in meiner Wohnung extrem wohl und sicher. Was ich wichtig finde. Im Rückblick kann ich also sagen, ich habe diese Scheißzeit perfekt für mich genutzt. Jetzt fragst du, ob damit mein Heilungsprozess abgeschlossen ist? Nein. Der läuft immer noch. Nicht mehr in dem Tempo wie am Anfang. Aber ein Prozess ist etwas, das andauert, solange du es willst. Wenn du wissen willst, was dieser Heilungsprozess für mein Leben bedeutet: Ich bin glücklich. Denn ich bin nicht mehr gefangen von meinen Ängsten. Ich koste die Süße der Freiheit.

Früher gab es für mich nur Kummer. Kummer, Drama, alles mögliche Negative. Das war's. Damals dachte ich, die Lösung wäre, mit der besten Freundin jeden Abend auszugehen, bis in die Puppen zu tanzen, um meine Probleme zu vergessen und dann zu hoffen, dass mein Handy-Akku leer ist, damit ich dem Arschloch nicht schreibe. Heute weiß ich, dass das nicht die Lösung ist und nie sein kann und wird. Nein, eine vernünftige, konstruktive Lösung sieht anders aus. Erinnere dich: Es geht um DICH! Natürlich habe ich auch heute noch meine Probleme und ich werde bestimmt auch mal wieder Kummer haben. Aber glaube mir, er wird nie mehr so tief, so *fucking* schmerzhaft sein. Denn ich schiebe nichts mehr zur Seite, sondern schaffe Lösungen und finde so einen Weg heraus.

Deswegen, Schwester, warte nicht auf irgendeinen Startschuss. Gib ihn dir selbst! Dein eigener, dein ganz persönlicher Heilungsprozess beginnt in dem Moment, sobald du dich für ihn entscheidest. Sobald du beginnst, dein Leben aufzuräumen! Wir warten nicht, wir starten. Und zwar jetzt! Einverstanden? Es wird dein Leben zum Besseren verändern. Also, verlass dein Sofa JETZT und räum deinen Kleiderschrank auf! Ja, jetzt sofort. Das Kapitel ist zu Ende und damit eine gute Zeit für eine (Lese-)Pause. Befrei dich, mein Herz, und fang JETZT an, die Ketten zu lösen, die du dir angelegt hast.

FREIHEIT beginnt im Herzen, wo Ketten keinen Halt finden.

4.
ER STEHT EINFACH NICHT AUF DICH

Melissa ist Anfang 30, sieht gut aus, hat nette Freunde, ein schönes Zuhause, einen guten Job. Was ihr zu ihrem Glück fehlt, ist Liebe, eine tolle Beziehung. Da trifft sie Ilias. Er ist attraktiv, charmant, aufmerksam. Der perfekte Gentleman. Ständig zeigt er Melissa, wie sehr er sie mag, ohne sie zu bedrängen. Schnell entsteht eine innige Vertrautheit. Denn Ilias hört Melissa zu, teilt ihre Wünsche und Sehnsüchte. Melissa schwebt auf Wolke sieben. Da greift Ilias beim Spaziergang sanft nach ihrer Hand und lässt sie nicht mehr los. Das ist das ersehnte Zeichen von Zusammengehörigkeit in der Öffentlichkeit. Es wird ernst.

Ilias führt Melissa in ihr gemeinsames Lieblingsrestaurant, bestellt für sie. Sie stoßen darauf an, dass sie sich vor exakt zwei Wochen kennengelernt haben. Später, vor ihrer Haustür, verabschiedet er sich liebevoll, ohne zu fragen, ob er noch mit hochkommen darf. Stattdessen schiebt er den Umdrehmoment hinterher, lächelt ihr zu, steigt in seinen Wagen und fährt los. Kaum sitzt Melissa auf ihrem Sofa, schickt er ihr eine Nachricht. *Es war wunderschön mit dir.* Melissa schwärmt bei ihrer Freundin, noch nie wurde sie so respektvoll behandelt, so verwöhnt, hat sich noch nie so geliebt und so sicher gefühlt. Ilias ist der Richtige. Beim nächsten Treffen hat sie wundervollen Sex mit ihm – um eine Woche später heulend bei ihrer Freundin zu sitzen. Denn Ilias ist wortlos wie vom Erdboden verschwunden und ghostet Melissa. Sie fragt weinend: *Warum passiert das immer nur mir?*

Nein, Melissa, das passiert nicht immer nur dir. Das ist uns allen schon mal passiert. Und vielen passiert es immer und immer wieder. Gründe gibt es mehr, als uns lieb ist. Der offensichtlichste ist, dass der Typ eine Zeitlang alles richtig gemacht hat. Er hat die richtigen Fragen gestellt, die richtigen Dinge getan, war aufmerksam, einfühlsam, hat dich verwöhnt, mit Komplimenten überschüttet. Er weiß, wie dein Traumurlaub aussieht, wie dein zukünftiger Partner sein soll. Wie und wo du leben willst, welche Ziele und Träume du hast. Er weiß quasi ALLES von dir. Er kann sogar deine Sätze vervollständigen. Und er hat den perfekten *magic moment* kreiert, als er deine Hand genommen, dir in die Augen geschaut und gesagt hat: »Vertrau mir.« Der Typ ist schlau! Er hat dein Vertrauen gewonnen. Dann hast du mit ihm geschlafen. Damit war er am Ziel. Und das hieß nicht Beziehung. Sorry.

Ich kannte mal einen Typen, der ist für mich um die Welt gereist. Jetzt werdet ihr jubeln: *Wie romantisch! Yes, he's the one.* In meinen 20ern und 30ern hätte ich auch gesagt, *yes, he is the one.* Aber heute? Nein, danke, so einen Typen hatte ich schon mal. Der hat angeblich Millionen verdient. Trotzdem hat er in einer kleinen Mietwohnung gewohnt. In so einer Situation MÜSSEN alle Alarmglocken schrillen. (Meine hatten leider eine Funktionsstörung). Nicht weil er nicht so viel Geld verdient, wie er behauptet, oder weil er in einer kleinen Mietwohnung lebt, sondern weil er lügt! Wer sich als etwas Besseres verkaufen will, als er ist, verarscht dich. FINGER WEG von solchen Typen! Heute würde ich so einem Bastard die Stirn bieten. Damals fand ich cool, wie er mich *entertaint* hat. Er hatte die *Gentleman-moves* drauf. Tür aufhalten, aus der Jacke helfen, Stuhl unter den Hintern schieben, all diese respektvollen Dinge halt. Der *motherfucker* wusste genau, wie es geht, und hat den Kevin Costner rausgeholt. Dazu hatten wir auch noch *deep talk.* Das hat mir gefallen – ist aber nicht lange gut gegangen. Schnell stellte sich raus, dass er so ein klassischer *wanna-*

be-Gebildeter war. Und zusätzlich erfüllte er so ziemlich alles, was für mich so gar nicht geht. *Sex talk* nach dem dritten Date zum Beispiel. Der absolute Abturner. Aber, Ladys, ich habe eine sehr, sehr blühende Fantasie. Ich bin die *queen of sex talk* – während ich bügle, putze oder Wäsche aufhänge. Also habe ich mir einen Spaß daraus gemacht und *guess what* – der Typ wurde zum Junkie. Süchtig nach den Dingen, die ich ins Telefon schnurrte. Klar habe ich gleichzeitig mit meinen Katzen gekuschelt oder mir die Fußnägel lackiert oder meine Quittungen für die Steuer aufgeklebt. Es wurde aber sehr schnell lästig. Ich konnte bald KEINEN Satz mehr anfangen, ohne dass er nicht sofort wieder *sex talk* wollte. Unsere Telefonate liefen alle nach dem gleichen Schema ab:

Er: *Was machst du gerade?*
Ich: *Ich bin gerade in die Wohnung reingekommen.*
Er: *Und jetzt?*
Ich: *Geh ich duschen.*
Er: *Vielleicht kann ich mitkommen?*

Oder:

Er: *Wo bist du gerade?*
Ich: *In der Küche.*
Er: *Und was hast du an?*

ALTER! Welche Klamotten trage ich in der Küche? Geh mir nicht auf die Nerven, *motherfucker*! Aber mit so einem Idioten erreichst du schnell *the next level of shit*: Der Typ fragte (immerhin sehr höflich), ob er mir ein Foto von seinem Pimmel schicken darf. Ernsthaft, Digga??! Ja, ernsthaft. Es gibt Männer, die schicken dir das Foto einfach so. Deswegen fand ich es gut, dass er wenigstens vorher gefragt hat und ich Nein sagen konnte. N E I N. Er war nicht beleidigt. Hat aber trotzdem weitergemacht. Junkie eben.

Glaubt mal, auf der einen oder anderen Internetplattform hätte ich eine Menge Kohle verdienen können. Wenn ihr in so eine Situation kommt und keinen Bock drauf habt, macht einen Screenshot und schickt den eurer Freundin – dann habt ihr was zu lachen. Ehrlich, solche Typen sind nie an DIR interessiert, die verlangen nur. Gerne – aber dann geh zu einer Prostituierten und bezahl für deinen *shit*. Ich meine, ich war echt kreativ, das hat mich ja auch Zeit gekostet. Aber ich bin weder gekommen noch gegangen und habe nicht mal einen Cent verdient. Die ganze Arbeit also für NICHTS. Ich sage dir, so schnell, wie so ein Typ kommt, so schnell wird er wieder verschwinden aus deinem Leben. So viel dürfte also klar sein: Kein richtiger Mann, der dich wirklich kennenlernen will, schickt dir *dickpics*. Also komm bloß nicht auf die Idee, zu glauben, wenn er das tut, ist er verliebt in dich oder will was Festes mit dir. Er ist scharf auf dich – ja. Er ist verliebt in dich – nein. Du bist für ihn absolut austauschbar. Und, sorry, nein, wenn er dir nach kurzer Zeit die *dickpic*-Frage stellt oder, schlimmer noch, ungefragt ein Bild von seinem besten Stück schickt, dann ist das kein Zeichen von Vertrauen. Maximal von überhöhtem Vertrauen in seinen Pimmel. Ein Kerl, der wirklich an dir interessiert ist, weiß, dass der richtige Moment kommt, in dem du sein Dingdong *live* und in Farbe und *in action* sehen und erleben willst und wirst. Also vergiss Typen, die dir solche Fotos schicken (wollen). *Dickpics* sind so was von gestern!

Übrigens, nachdem er mir zum Geburtstag eine Nachricht geschrieben hat mit *Happy Birthday. Ich denke an dich …* habe ich ihn geblockt und abgehakt unter Recherche für dieses Buch. Jetzt fragst du dich bestimmt, warum ich mich damals überhaupt auf ihn eingelassen habe. Die Antwort: Ich hatte Langeweile, er war interessant und unterhaltsam und lustig und wir kannten uns schon ewig. Und da ich keine Lust auf Dating-Apps und so habe, kam er ganz gelegen. Auf Social Media geht mir das alles viel zu schnell. Am ersten Tag schreibst du mit ihm, am nächsten Tag bekommst du *dickpics,* am dritten Tag habt ihr Sex. Und am vierten Tag likt er schon wieder andere Frauen auf Insta und ist für dich nicht mehr erreichbar. Er sitzt bei der nächsten Dame, die im Chatverlauf runtergerutscht war.

Was ist bloß los auf unserer Welt?!? Du sagst: »Ja, wir daten seit zwei Wochen, aber hatten noch keinen Sex.« Was passiert? Alle flippen aus. »Wie? Keinen Sex? Immer noch nicht? Warum denn?« *Excuse me?* Seit wann gibt es ein Datum, wann man miteinander geschlafen haben muss? Lass dich bloß nicht unter Druck setzen. Gleich am ersten Abend miteinander im Bett zu landen, geht eigentlich nie gut. Auch wenn es natürlich Ausnahmen gibt. Aber die Regel besagt leider, dass es nach dem Sex vorbei ist mit dir und dem Typen von der Bar. Deswegen bleib entspannt – der richtige Zeitpunkt kommt schon noch.

Meine Erfahrung ist ja, alles, was gut, was normal ist, was sich in Ruhe entwickeln darf, hat eine Chance auf eine ernsthafte, längerfristige Beziehung. Damit sich aber etwas in Ruhe entwickeln kann, braucht es Zeit. Zeit ist kostbar. Zeit nimmt man sich nur für Menschen, die man mag, für die man sich wirklich interessiert. Wenn also jemand Zeit mit dir verbringen will, um dich wirklich kennenzulernen, selbst wenn du nicht innerhalb der ersten paar Wochen mit ihm schlafen willst, dann weißt du, dass er auf dich steht. Er gibt euch alle Zeit der Welt, weil er eben nicht die schnelle Nummer will. Im Gegensatz zu dem Typen, dem schon nach zwei Wochen die Puste ausgeht – vergiss den. Der steht nicht auf dich. Und hör ja auf, ihn in Schutz zu nehmen mit Erklärungen, die du dir ausdenkst, weil du nicht wahrhaben willst, dass er einfach nicht auf dich steht. Wir Frauen sind ja groß darin, Gründe zu finden, warum er uns plötzlich *ghostet,* sich nicht mehr meldet.

Das sind meine *all-time favourites:*

- er kommt aus einer toxischen Beziehung
- er ist ein Emotionskrüppel
- er kann seine Liebe einfach nicht zeigen
- er hat gerade seine Oma verloren
- er ist im Wald verloren gegangen

Das ist alles Bullshit! Wenn der Typ dich *ghostet*, hör bitte NICHT auf die Ratschläge deiner besten Freundin (es sei denn, sie ist in einer wirklich gesunden, glücklichen, gleichberechtigten Beziehung). Ich weiß, ich hatte dazu früher eine andere Meinung. Aber aus Erfahrung rate ich dir: HAK IHN AB. *ASAP!* Am besten sofort! Ja, deine beste Freundin meint es nur gut. Aber ihre Ratschläge sind doch meist nur der verzweifelte Versuch, ihre eigene beschissene Beziehung schönzureden. Oder weil sie dich trösten will. Oder weil sie weiß, was du hören willst. Wer selbst in einer toxischen Beziehung steckt oder eine Beziehung führt, nur um nicht alleine zu sein, und jede Menge Kompromisse eingeht, dessen Ratschläge sind absolut *useless* und überflüssig. Diese ganzen ermüdenden Analysen, warum er sich verhält, wie er sich verhält, die hysterischen Vermutungen, dass er aus einem dramatischen Elternhaus kommt, seine letzte Freundin ihn betrogen hat oder *whatever* – alles nur Spekulationen, die überhaupt nicht helfen. *Face the reality:* Er steht einfach nicht auf dich.

Und du willst nur jemanden, der auf dich steht. Als *cherry on the top*. Als *benefit*. Du willst jemanden, der deine eigene Harmonie ergänzt – nicht zerstört. Dein Job ist es, deine Harmonie als glückliche Königin zu schützen. Denn das bist du: die Königin deines Lebens. DU schwingst das Zepter. DU hast in deinem Reich die Krone auf. DU bestimmst wer, wann, wo, wie oft. Und dann kommt da so ein Clown vorbei und du verlierst deinen Kopf, willst ihm alles sofort übergeben? Ohne dass er sich anstrengt? Ohne dir zu beweisen, dass es ihm nur und exklusiv um

DICH geht? Der dich nicht mal zum Lachen bringt? Wenn du so einem Clown dein Zepter gibst, dann wundere dich nicht, wenn er aus deinem Königreich einen Zirkus macht.

Also, wenn du ein gut funktionierendes, stabiles Königreich hast, lass keinen Clown rein. *No way!* Das, ihr Lieben, gilt für euch alle – weiblich, männlich, divers. Völlig egal. Wer ein Königreich reagiert, der lässt sich das *never ever* von einem Clown wegnehmen. Wir alle sind selbstbewusste und unabhängige Königinnen. Wir lieben Aufmerksamkeit und schöne Gesten und Romantik. Aber WIR WARTEN NICHT! Weder auf einen Clown, der Chaos verbreitet, noch auf den Prinzen, der uns rettet. Wenn nötig, retten wir uns selbst. Wir haben schließlich das Zepter in der Hand und die Krone auf dem Kopf! Genau deswegen wollen und brauchen wir keinen Clown, keinen Idioten, keinen Angeber, keinen Loser, kein Muttersöhnchen und schon gar keinen Narzissten in unserem Leben. Die brauchen wir am allerallerALLERwenigsten. Also Hände weg von diesen manipulativen *motherfuckern*.

Apropos Narzisst. Damit hier keine Missverständnisse entstehen: Nur weil er Dinge macht und sagt oder eben nicht macht und sagt, nur weil er dir die Tür nicht aufhält, ist er KEIN Narzisst. Auch wenn er sich zuuuuuuu viel Zeit lässt, deine WhatsApp zu beantworten oder keine romantischen Spaziergänge mag oder lieber mit seiner Gang abhängt, als Zeit mir dir zu verbringen, ist er KEIN Narzisst? Nein. Der Typ steht einfach nicht auf dich! Und das hat NICHTS mit deiner Figur oder deiner Frisur oder deinem Gesicht oder deinem Style zu tun! Er steht auf deine Optik! Sonst hätte er dich ja nicht angeschrieben oder Zeit mit dir verbracht oder Sex mit dir gehabt. Es geht nicht um deine Optik. Sondern darum, dass er vielleicht nur Spaß haben wollte. Oder vielleicht ist er ein Fremdgeher. Vielleicht wollte er dich nur erobern, um sich zu beweisen, dass er dich kriegen kann. Oder er will sich (jetzt noch) nicht binden. Oder er ist nichts weiter als ein verdammter Lügner, der dir sagt, was du hören willst, damit er bekommt, was er will. Das alles hat aber nichts mit Narzissmus zu tun. Es ist schlicht seine Entscheidung, nicht mehr von dir zu wollen. Nimm es nicht persönlich. Sei dankbar, dass du ihn los bist. Wieso willst du jemanden, der dich nicht will? Wenn er nicht auf dich steht, steht er einfach nicht auf dich. Je eher du das kapierst, desto schneller bist du diesen Bastard los.

Ein Mann, der auf dich steht, nimmt sich Zeit. Er macht das Unmögliche möglich – und zwar länger als nur für zwei Wochen –, ohne dass du ihn darum bitten musst. Weil er es will. Weil er sich eine Beziehung mit dir vorstellen kann. Er verschwindet nicht nach eurer ersten oder zweiten Nacht. Im Gegenteil, er gibt euch Zeit. Daran erkennst du, ob er sich wirklich für dich interessiert. Oder ob du nur ein Lückenfüller, eine Ablenkung von irgendwas bist – oder eine *fucking* Trophäe. Zeit ist und bleibt die Zauberformel.

Bleib bitte trotzdem wachsam. Denn selbst, wenn ein Mann dir zwei Monate lang die Dinge sagt, die du hören willst, liegt es nicht unbedingt daran, dass er dein Traummann sein möchte oder es sogar ist. Alles, was er tut, ist, klug sein Ziel zu verfolgen. Und sein Ziel heißt Sex. Also gibt er *erst mal* alles, um dein Vertrauen zu gewinnen. Das schafft er, weil er dir *erst mal* nur zuhört. Es ist nicht dumm von dir, gleich am Anfang so viel von dir preiszugeben. Dass du dich ihm öffnest, zeigt nur, DU möchtest ihn wirklich kennenlernen. Denn natürlich sind wir dankbar, wenn uns jemand zuhört, unsere Wünsche ernst nimmt und uns versteht. Wir sind total happy, wenn der Typ scheinbar genau dasselbe will wie wir. Und wir denken: *Krass. Das habe ich mir immer gewünscht. Toller Typ. Dieses Mal könnte das echt was werden.* Wenn er also geschafft hat, dass du ihm absolut vertraust, wirst du mit ihm schlafen. *Yes, goal achieved.*

Und dann? Überraschung. Er meldet sich plötzlich nicht mehr. Ladys, das heißt nicht, dass er aus einer problematischen Beziehung kommt oder nicht bindungsfähig ist oder ihr hässlich seid. Nein, er hat bekommen, was er wollte. *End of story*. Ja, er stand auf dich – aber jetzt steht er nicht mehr auf dich. Mehr brauchst du nicht als Antwort. Blöderweise verzetteln wir Frauen uns ja gerne. Wenn etwas sehr intensiv war und es dann plötzlich nicht mehr ist, nachdem man miteinander im Bett gelandet ist, finden wir 1792 Gründe und Erklärungen, warum *plötzlich* alles anders ist. Und sind glücklich und erleichtert, wenn er sich dann doch noch mal meldet, er doch noch mal mit uns schlafen will und es wieder so schön ist wie beim ersten Mal. (Ist es das wirklich oder fühlt es sich irgendwie ein bisschen seltsam an?)

Du denkst, es ist doch alles gut? Vergiss es. Meistens schläft er nur noch mal mit dir, weil er nicht als das Arschloch dastehen will, das er ist. Ja, der Sex mit dir hat ihm gefallen. Logisch will er da noch mal mit dir schlafen, vielleicht auch noch ein drittes und viertes Mal. Aber ER diktiert die Konditionen. Wann, wo, wie oft. ER bestimmt, ob ihr euch überhaupt trefft. ER entscheidet, ob euer Treffen romantisch sein wird und wie lange es dauert, ob es überhaupt ein Treffen gibt. Dieses Spiel spielt er so lange mit dir, wie du es zulässt. Wenn jemand sich so verhält, so unverbindlich ist, dann kannst du dir sicher sein, er steht einfach nicht auf dich. Er benutzt dich nur für seinen Sexwunsch. Oder weil es ihn anmacht, dass du in ihn verliebt bist. Oder weil er es geil findet, Macht über dich zu haben. Oder was auch immer. Völlig egal. Denn wenn der Typ sich nach der ersten Nacht *plötzlich* verändert, ist das nicht *plötzlich*. Er war von Anfang an so. Das ist sein Charakter. Du bist einfach nur auf ein Arschloch reingefallen. Fertig. Ende. Punkt.

Das kann jeder von uns passieren – der Schülerin genauso wie der Rechtsanwältin, der Kassiererin genauso wie der Immobilienmaklerin. JEDER kann auf diese Masche reinfallen. Das hat nichts mit Dummheit zu tun. Oder Naivität. Der Bastard hat sich geschickt dein Vertrauen erschlichen, es für seine Bedürfnisse genutzt. Wie jetzt? Das war's? Ja. Das war's. Ich verstehe, dass du dich nach Klarheit sehnst, aber du wirst sie nicht bekommen. Beziehungsweise du hast sie doch längst: *action speaks louder than words.* Der Typ wird sich weder erklären (weil es aus seiner Sicht nichts zu erklären gibt) noch bei dir entschuldigen. *Face it:* Du hast einfach Pech gehabt und ein Arschloch erwischt. Das ist uns allen schon mal passiert. Davon geht die Welt nicht unter. Also hör auf, nach Antworten zu suchen oder mit ihm reden zu wollen. Ich rate euch, Ladys, *take your time*! Nehmt euch die Zeit, die ihr braucht, um euch zu öffnen. Hört tief in euch rein, vertraut euch und eurem Rhythmus, den nur ihr kennt und deswegen auch nur IHR bestimmt. Ja, DU entscheidest über den Zeitpunkt, an dem du bereit bist, mit ihm zu schlafen. Hör auf das, was DU willst.

Keine Ahnung, wie ihr das seht, aber für mich ist Sex etwas sehr Intimes. Nicht wie »Lass mal 'nen Kaffee trinken gehen«. Ich gebe mich nicht schnell her, weil ich was Wertvolles bin. Und etwas Wertvolles muss man sich verdienen. Er möchte dich? Deinen Körper? Dann wird er sich anstrengen müssen, denn du bist nicht einfach so zu haben. Das hat übrigens nichts mit Hinhalten zu tun. Du bist auch nicht verklemmt oder prüde. Lass dir nichts einreden. DU hörst auf das, was DU möchtest, was DIR guttut. Es hat mit Eigenliebe und dem Selbstbewusstsein zu tun, etwas Besonderes zu sein. Und DU bist jemand Besonderes.

Davon abgesehen, je länger du wartest, desto länger bist du in der Beobachterposition. Und je länger du beobachtest, desto besser kannst du herausfinden, ob der Typ überhaupt zu dir passt. Wenn er keine Geduld hat, zu warten, um zu kriegen, was er will; wenn seine Leidenschaft für dich genauso schnell erlischt, wie sie entflammt ist, und er aufgibt – dann hat er sowieso nicht wirklich DICH gewollt.

Wenn du allerdings auch einfach nur Bock auf Sex hast – *go for it.* Aber wenn Gefühle im Spiel sind, du dich verliebst, dann sei vorsichtig. Pass auf dein Herz auf. Ob er deine Gefühle wirklich erwidert, weißt du erst, wenn du ihm das Innige und Schöne schenkst. Wenn es danach hässlich wird, weil er hatte, was er wollte, dann sei mutig und beende die Sache. Sofort. Sei ehrlich zu dir selbst und gestehe dir ein: Er steht einfach nicht auf mich. Denn, und das ist sind die *breaking good news*, es gibt genug Männer, die Geduld haben, die es ehrlich meinen. Entscheide dich lieber für den Typen, der gut findet, dass du das Tempo vorgibst. Der wirklich an dir interessiert ist. Der es genießt, um dich werben zu müssen. Weil er dich respektiert und wertschätzt. Weil er sich ernsthaft eine Zukunft mit dir vorstellen kann. Weil er einfach auf dich steht.

Manchmal sind Abschiede der Anfang von etwas viel GRÖSSEREM.

5.
LIEBESKUMMER LOHNT SICH

Seit sie ein kleines Mädchen ist, träumt Shila davon, zu heiraten, eine Familie zu gründen. In Omar findet sie den Mann ihres Lebens. Sie heiraten und sind glücklich. Doch ihr größter gemeinsamer Wunsch erfüllt sich nicht. Shila wird nicht schwanger. Omar akzeptiert es, bleibt an ihrer Seite. Gemeinsam verreisen sie, pflegen ihren großen Freundeskreis. Aber nach sechs Jahren kinderloser Ehe ist Omar erschöpft von Shilas ewigem Kummer. Mit seiner Arbeitskollegin Amira, die gerade von ihrem Freund verlassen wurde, kommt wieder mehr Abwechslung in Omars Leben. Gegen seinen Willen verliebt er sich in sie – und Amira in ihn. Bald darauf wird sie schwanger. Omar gesteht Shila, dass er Vater wird, trennt sich von ihr und reicht die Scheidung ein. Shila steht vor den Trümmern ihres Lebens. Als das Kind von Omar und Amira schließlich geboren wird, möchte sich Shila am liebsten umbringen, so unfair erscheint ihr alles.

STOPP, Shila! Bis hierhin und nicht weiter. Es ist bitter, dass deine Ehe nicht funktioniert hat. Es ist bitter, dass euer Wunsch nach einem gemeinsamen Kind nicht erfüllt wurde. Es ist bitter, dass Omar diesen Traum jetzt mit einer anderen Frau lebt. Aber deswegen ist dein Leben doch nicht vorbei! Kein Mensch der Welt und schon gar kein Mann ist es wert, dass man sich seinetwegen umbringt. Manchmal soll es eben mit dem einen nicht sein, von dem wir geglaubt haben, dass er es ist. Du weißt nie, wozu eine Trennung gut ist.

Wie oft denken wir am Anfang einer Beziehung, *das ist Wahnsinn, wie das funktioniert, wie das flowt.* Kennst du das? Du denkst an nichts anderes mehr, als dass dies eine große Liebe werden könnte. Und gerade dann, wenn du sicher bist, wenn du es endlich aussprichst – er ist es! – und glaubst, zu verstehen, warum du vorher so viele Arschlöcher in deinem Leben kennenlernen musstest, stellst du fest: Du bist auf das nächste Arschloch reingefallen. Deine Geschichte bekommt (mal wieder) diesen falschen *drive.* Wieder mal hat es romantisch begonnen mit *Es war einmal …* und endet wieder mal mit *Er ist so ein verdammtes Arschloch.* Glaubt mir, ich bin so oft auf Arschloch-Menschen reingefallen. Manchmal hatte ich über Jahre hinweg krass fiesen Liebeskummer. Das hat mich irgendwann so genervt, dass ich beschlossen habe: keinen Bock mehr auf Leiden. Also habe ich einfach den Spieß umgedreht. Seitdem sage ich: Liebeskummer lohnt sich.

Angefangen hat das alles damit, dass ich selbstbewusster wurde. Wenn der Typ sich nicht mehr bei mir gemeldet hat, habe ich mir gesagt, jetzt erst recht, *motherfucker*! Sein Desinteresse hat mich motiviert, noch besser zu sein, noch schöner, noch strahlender, noch größer, noch präsenter. Dieses Prinzip habe ich dann für mich genutzt. Zum Beispiel, wenn ich zwar große Projekte hatte, aber nicht so richtig kreativ war, wie ich wollte. Enttäuschung hat bei mir so viel Kreativität ausgelöst, dass ich mein Projekt auf das nächste Level heben konnte. Versteh mich nicht falsch, ich sage nicht, dass du dir jetzt irgendein Date suchen und das Herz brechen lassen sollst. Nein, nein, nein! Was ich sagen will: Erlaube dem Liebeskummer nicht, dir Lebenszeit zu klauen und dich kaputtzumachen. Im Gegenteil. Verschwende nicht unnötig Energie, sondern verwandle den Kummer in positive, kreative Energie FÜR DICH.

Egal, wie oft du es schon durchlitten hast, egal, wie alt du bist – Liebeskummer wirst du immer wieder empfinden, wenn du liebst.

Was sich aber verändert, ist unser Umgang mit dem Schmerz. Jetzt, mit Mitte 40, muss ich dem Bastard nicht mehr zeigen, was er verpasst, was er verloren hat, als er mich verlassen hat. Die Mühe spare ich mir. Ich muss mich auch nicht mehr künstlich *pushen*, um noch besser zu sein. Inzwischen lächle ich nur mit einem Schulterzucken und sage: »Liebeskummer lohnt sich.«

Du kannst dir nicht vorstellen, dass es funktioniert? Doch! Tut es. Ich meine, sieh es doch mal so: Was hilft es dir, wochen- oder monatelang unglücklich zu sein? Was ändert es, wenn du dicke Augen bekommst, strähniges Haar, zu viel ungesundes Essen in dich reinstopfst oder gar nichts mehr isst? Schon vergessen? DU bist eine Königin. Also, Krone richten, weitergehen! Du kommst darüber hinweg! Da draußen wartet irgendwo *Mister Right*. Also verschwende deine Zeit nicht an den Falschen, trauere keinem Arschloch hinterher und mach dich nicht fertig, sondern wachse an der Erfahrung. Und vertrau mir. Liebeskummer lohnt sich – immer. Diese Überzeugung ist nichts weiter als die Entscheidung FÜR DICH. Du könntest dich jetzt vor den Spiegel stellen oder ein Video von dir aufnehmen und immer wieder sagen: Liebeskummer lohnt sich. Versuch es gleich mal. Sag es laut. Liebeskummer lohnt sich. Sag es noch mal. Immer und immer wieder. Liebeskummer lohnt sich. Und dann schau, was das mit dir macht. Atme und dann sag es noch mal. Liebeskummer lohnt sich. Sag es noch LAUTER! Sehr gut. Und? Wie fühlt es sich an, *darling*? Lächelst du dich an? Spürst du, wie die neue Energie dich kitzelt? Fühlst du es jetzt? JA! Liebeskummer lohnt sich. Herzlichen Glückwunsch, Schwester. Du bist auf dem richtigen Weg. Du kannst stolz auf dich sein!

Du möchtest wissen, wie ich zum lebenden Beweis geworden bin, dass sich Liebeskummer lohnt? Um es gleich vorwegzusagen, die Geschichte von meiner großen Liebe ist gleichzeitig die härteste

Schelle, die ich je von einem Mann bekommen habe. Schwester, ich war so krass verliebt. Ich wollte unbedingt in seiner Nähe sein und bin deswegen von meiner Heimatstadt viele hundert Kilometer entfernt zu ihm gezogen. Weil es wirklich so aussah, dass alles perfekt zusammenpasste. Er war groß, hatte dichtes Haar, war immer gut gekleidet. Ein tolles Lächeln, dazu breite Schultern. Ein starker Mann. Und trotzdem war er vor unserem ersten Date nervös wie ein Schuljunge.

Zum ersten Mal begegnet sind wir uns auf irgendeiner Veranstaltung. Glaubt mir, Männer trauen sich normalerweise nicht, mich anzusprechen, wenn ich über den *red carpet* gehe. Er hat sich getraut. Und ich? Habe ihn abblitzen lassen. Weil ich zu diesem Zeitpunkt null Interesse an Männern hatte – ich kam gerade aus einer Beziehung, in der ich betrogen worden war. Ich hatte Liebeskummer und wollte nichts als meine Karriere. Aber der Typ mit dem dichten Haar, dem tollen Lächeln und den breiten Schultern hat nicht lockergelassen. Er hat sich nicht davon beeindrucken lassen, dass er bei mir abgeblitzt war. Also habe ich ihn dann doch gedatet. Wobei, das Date selbst war mir scheißegal. Alles, was ich wollte, war, den anderen Kerl aus dem Kopf zu bekommen. Ich wollte flirten, mich gut fühlen, mein Selbstbewusstsein *pushen*.

Getroffen haben wir uns dann in dem Hotel, in dem ich gerade wohnte. Ich saß an der Bar, als er reinkam, mit seinem langen Ledermantel und den Haaren, die ein bisschen länger waren, seiner schicken Stoffhose und den feinen Schuhen. Ich fühlte mich wie in einem romantischen Film, als er reinkam. Ich schwöre, er sah aus wie der junge Marlon Brando. Dazu war er ein bisschen betrunken, heute ja eine *red flag*, aber für mich war das kein Problem. Angesprochen habe ich ihn trotzdem darauf, und er hat sofort zugegeben, was getrunken zu haben. »Du machst mich so meganervös«, hat er gesagt und war verlegen. Er hatte mich schon immer kennenlernen wollen.

Der Abend mit ihm war ganz okay. *Ganz okay* heißt, dass ich definitiv kein zweites Date wollte. Der Typ hatte nicht meine Interessen. Abgesehen davon war ich noch gebrochen von meinem Ex-Freund. Am Ende des Treffens hat er höflich gefragt, ob er mich zu meinem Zimmer bringen dürfe. Und hat wirklich gedacht, ich nehme ihn mit *in* mein Zimmer. Mit hochgezogener Augenbraue habe ich gefragt, ob er bescheuert sei. »Ich kenne dich doch gar nicht. Du könntest auch ein Psychopath sein.« Fand er lustig, hat gelacht und gemeint, die Antwort würde ihm gefallen. Ab dem nächsten Tag ist dieser Mann, bei dem die Frauen reihenweise ohnmächtig geworden sind, mir hinterhergelaufen. Er hat sich richtig, richtig Mühe gegeben. Wahnsinn. Und eines Tages, ich war zu einer Veranstaltung eingeladen, stand er plötzlich mitten in meinem Hotelzimmer, wo ich gerade geschminkt wurde. Ich war total überrascht.

Er: »Hey, Schönheit.«
Ich: »Was machst du hier?«
Er: »Ich wollte mir nur was abholen.«

Dann hat er mich geküsst und ist ohne ein weiteres Wort wieder gegangen. BÄM! So eine Romantik kannte ich nur aus Filmen. Hollywood und so. ALLE waren total begeistert von der Aktion. Ich war dann noch zwei Wochen auf Tour und jeden Tag haben wir telefoniert. Und irgendwann ruft er mich total hektisch an. »Baby, ich muss dir was sagen.« Und bevor ich antworten kann, legt er wieder auf. Ruft gleich drauf wieder an, im Hintergrund laut Musik – Prince, »Diamonds and Pearls«. Ich war echt verwirrt und habe mich gefragt, was ist denn mit dem los? *Guess what!* Er holt tief Luft und sagt dann wirklich die berühmten drei Worte! Das war das erste Mal in meinem Leben, dass ein Mann zu mir gesagt hat: »Ich liebe dich.« Danach hat er sofort wieder aufgelegt. Er hat mich so überrumpelt, und ich habe nur gedacht, *hey, du lässt mir ja nicht mal Zeit, zu sagen, ich dich auch.*

So hat die Beziehung mit diesem Mann begonnen. Irgendwie unschuldig, sehr rein und doch auch sehr erwachsen war das mit uns. Wir hatten fünf intensive Monate, in denen wir uns kennengelernt haben. Mit vielen guten Gesprächen, vielen Umarmungen. Wir waren so ehrlich mit unseren Emotionen. Ich war mir sicher, er ist ein Traummensch. Als ich ihm vertraut habe, ist es passiert. Die Nacht war wunderschön. Es war ALLES so aufregend. Wir waren nun auch offiziell zusammen und wollten es miteinander versuchen. Ich war sicher, dieses Mal würde es nicht mit der üblichen Enttäuschung enden. Dieses Mal würde der Mann nicht einfach abtauchen, weil er hatte, was er wollte. Nein, ab jetzt würde es noch intensiver werden.

Ich hatte Recht. Es wurde immer intensiver. Nur eben nicht nur auf romantische Weise. Denn dieser Mann hatte zwei Gesichter und lebte in zwei Welten. Was ich am Anfang nicht wusste, nicht mal geahnt habe. Denn kennengelernt habe ich einen echt romantischen, belesenen, modernen, weltoffenen Mann, mit dem du dich gut unterhalten kannst. Er war bekannt in der Stadt, jeder hatte Respekt vor ihm. Aber er hatte auch diese wirklich dunkle Seite. Beides ließ sich für mich auf Dauer nicht vereinbaren. Trotzdem habe ich es jahrelang versucht, dieses Leben mit zwei verschiedenen Männern in einer Person. Was immer schwieriger wurde, weil diese andere, die dunklere, die unkontrollierte, die unromantische Seite mich so schockiert und vor allem extrem eingeschüchtert hat. Bald drehte sich alles darum, ihn nur ja nicht böse zu machen, ihn ja nicht zu verärgern. Das hat alles dominiert. Es spielte bald die Hauptrolle in unserer Beziehung. Irgendwann habe ich mich nur noch bedroht gefühlt.

Da bin ich umgezogen, um ihm zu entfliehen. Aber er fand mich. Für kurze Zeit wurde es wieder besser. Er war wieder der Mann, in den ich mich verliebt hatte. Aufmerksam, fürsorglich. Bis zum nächsten Streit. Das war da längst unsere Routine: Streit. Versöhnung. Streit. Versöhnung. Streit. Ich wusste, dass ich hätte gehen müssen, wegrennen vor dieser toxischen Beziehung, aber ich konnte es einfach nicht. Ich habe ihn geliebt und gedacht, es wird alles wieder besser. Dabei war von Anfang an viel toxische, narzisstische Scheiße drin, was ich aber erst viel, viel später begriffen habe. *Long story short*: Bei unserem letzten Streit ging es darum, dass ich herausgefunden hatte, dass er fremdgegangen war. Nach dem Streit gab es das übliche Versöhnungsgespräch, inklusive... ihr wisst schon. Und was sagt er anschließend? »Ich verlasse dich für eine andere. Ich will heiraten und Kinder. Und sie will das auch.« Das klingt wie aus einem schlechten Film? Ja. So fühlte es sich auch an. Der totale Schock. Die schrecklichste Erfahrung, die du machen kannst, wenn du so verliebt bist, wie ich verliebt war. Mann, habe ich gelitten. Das war schlimmer Liebeskummer. Vielleicht der härteste meines Lebens. Aber irgendwann war ich nur froh, ihn los zu sein.

Etwa zwei Jahre später hat er mich über Social Media angeschrieben. Erst ziemlich aggressiv. Dann wurde es besser und besser. Und schließlich hat er mich um ein Gespräch gebeten. Zu der Zeit war ich gerade auf Ibiza und er in Deutschland. Also haben wir telefoniert. Ich glaube, sechs Stunden lang. Er hat sich aufrichtig bei mir entschuldigt. »Ich war ein sehr, sehr schlimmer Mensch«, hat er gesagt. »Ich habe dich wirklich geliebt, und du hast es einfach nicht verdient, was ich dir angetan habe. Verzeih mir.« Ich schätze, wenn Gott es gewollt hätte, wären wir auch wieder zusammengekommen. Sind wir dann aber nicht. Weitere acht Jahre später sind wir uns zufällig auf der Straße begegnet. Unterhalten haben wir uns nur ganz kurz. Denn mir war sofort klar, ich habe kein Interesse mehr an ihm. Vergangenheit ist Vergangenheit. Abgehakt. Aber es ist schön, Frieden mit ihm geschlossen zu haben. Er war ja meine erste große Liebe, meine erste richtige Beziehung. Mit ihm hatte ich mein erstes Mal. Ohne Reue kann ich heute sagen, er ist der Mann, den ich wirklich geliebt habe. Und weil wir dieses Gespräch hatten, hat diese Geschichte irgendwie ein *happy end*. Das war wichtig für mich. Denn ich möchte, dass alle Geschichten meines Lebens ihr *happy end* bekommen – egal, wie toxisch sie waren. Ich rechne es ihm hoch an, dass er damals auf mich zugegangen ist.

Wer dagegen nicht das Rückgrat hatte für ein abschließendes Gespräch, war der Typ, mit dem ich zusammenkam, kurz nachdem meine große Liebe sich von mir getrennt hatte. Mein Liebeskummer war groß, ich wollte nur vergessen und da habe ich diesen Traumtypen kennengelernt. Er war wahnsinnig sexy, sportlich, roch immer gut. Toller Körper, ein wunderschönes Gesicht mit hohen Wangenknochen, grünen Augen, Sommersprossen. Und er war irre lustig. Er hat mich so zum Lachen gebracht. Er war das komplette Gegenteil von meiner großen Liebe und ich fand ihn wirklich attraktiv. Ja, ich war auch verliebt in ihn. Wir haben uns gut verstanden und hatten einen unfassbar tollen Start. Aber inzwischen wissen wir ja, dass ein toller Start *on the long run* nicht immer was zu bedeuten hat.

Manche Männer fahren zweigleisig, aus dem einfachen Grund, dass eine Frau nicht Heilige und Hure gleichzeitig sein kann – der Typ sich aber nicht für die eine oder andere entscheiden, sondern beide will. Voilà, fertig ist das Doppelleben. Offiziell zusammen ist er mit der moralisch anständigen, doch ziemlich normalen Frau, die ihm ein Heim bereitet, den Rücken freihält und die er seiner Familie vorstellt. Aber sexuell reizt und fasziniert ihn die mit dem unfassbar perfekten Körper. Die leichtbekleidete Frau, die erotisch an der Stange tanzt. Die eine zügellose Sexualität lebt. Mit ihr trifft er sich heimlich, würde sie niemals seinen Eltern vorstellen oder sich mit ihr in der Öffentlichkeit zeigen.

Dachte ich zumindest.

Der Mann, mit dem ich zusammen war, hat nicht nur jahrelang ein Doppelleben geführt. Nein, er hat sich nach Jahren gegen mich und für diese jüngere Stripperin entschieden, die im Nachtleben arbeitete und damit einen vollkommen anderen Lebensstil hatte als ich. Lange habe ich gedacht, er hat sie gewählt, weil sie verrucht und vielleicht sogar zügellos im Bett war. Heute bin ich davon überzeugt, er hat sich für sie entschieden, weil sie ihm das Gefühl gegeben hat, ihn zu brauchen. Und er wollte dieses Gefühl von Größe und Stärke haben, er wollte gebraucht werden. Aber ich brauchte ihn nicht. Ich bin selbstbewusst und unabhängig. Das habe ich ihm ja auch immer wieder gezeigt. Als er sich dann von mir getrennt hat, war das für mich (wieder) eine echt krasse Schelle. Zumal es mit ihm kein klärendes, versöhnliches Gespräch gab, kein *happy end*. Mein Pech. Wenn er dich mit einer anderen Frau betrügt – vollkommen egal, wer sie ist oder wie alt sie ist –, dann tut das *hardcore* weh. Aber am Ende kannst du froh sein, dass du ihn los bist und dieses verdammte Pingpongspiel endlich vorbei ist. Damals habe ich viele Jahre um ihn gekämpft. Und heute? Wenn der Typ sich nicht entscheiden kann, tue ICH das. Und ich entscheide mich ganz sicher NICHT für ihn.

Da stand ich also, erneut verlassen für eine andere. Das war bitter. Und trotzdem gut! Denn die Kämpferin in mir kam durch und ich habe mir geschworen: *Aus der Geschichte mache ich eine verdammte Erfolgsgeschichte. Das lass ich mir nicht gefallen!* Ich hatte zu sehr gelitten, zu viel geweint, zu viel zurückgesteckt, zu viele krasse Sachen wegen ihm gemacht, mich zu oft blamiert. *Du liebst sie? Okay. Kann ich nichts machen. Aber ich bestimme, wie diese Story für mich endet. Ich werde nicht daran krepieren.*

DAS ist die Story hinter meiner neuen Karriere. Sie ist die Basis für mein Business und meinen Erfolg heute. OBWOHL ich auf null war. OBWOHL ich nicht mehr das Geld hatte wie früher. Weil ich mich komplett auf diesen Mann konzentriert hatte. Vielleicht WEIL ich ganz unten war, habe ich anschließend diesen Erfolg gehabt. Ich bin stolz auf mich, dass ich den Schalter umgelegt habe. Stolz, glücklich und dankbar, dass es mir gelungen ist, aus all dem Schmerz und Kummer eine erfolgreiche Karriere gemacht zu haben. Tataaah – *Liebeskummer ist ein Arschloch* wurde geboren. Denn nach dieser Schelle hatte ich endlich begriffen, ICH bin der Regisseur meines Lebens. Deswegen habe ich nicht zugelassen, dass die Traurigkeit, die Enttäuschung, die Wut und die ganzen Kränkungen noch länger mein Leben bestimmen, mich krank machen und mein Selbstbewusstsein noch mehr zerstören. Stattdessen habe ich das Negative in was Positives umgewandelt. Und das kannst DU auch! Versprochen. Du musst es nur tun. Es ist so viel leichter, als du glaubst. Es ist – wie alles im Leben – DEINE Entscheidung!

Um die Geschichte mit dem Bastard abzuschließen: Der Zufall wollte es, dass ich ihn irgendwann im Baumarkt getroffen habe. Wir stellen uns ja immer vor, dass wir unseren Ex wiedersehen. Windmaschine an. Wir sehen so krass gut aus. Sind sexy, souverän, selbstbewusst, kein bisschen nachtragend. Und in der Realität? Natürlich sah ich überhaupt nicht krass gut aus. War ungeschminkt, total übermüdet gerade von der Tour zurück, im Jogginganzug. Natürlich KEINE Windmaschine. Aber ich war innerlich aufgeräumt. Ich war souverän und selbstbewusst und kein bisschen nachtragend. Wir haben uns angeguckt, keiner hat was gesagt, nicht mal »Hallo«. Als würden wir uns gar nicht kennen. Jeder von uns beiden ist weitergegangen. Das war's. Der Triumph war trotzdem meiner. Denn ich wusste, dass er wusste: Mit diesem Buch bist auch du gemeint, du Bastard! DU hattest keine Eier. Aber weil DU so ein Arschloch warst, habe ICH krass Erfolg, verdiene mein eigenes Geld, bin unabhängig und glücklich. *Merci*, danke und auf Wiedersehen.

Auch wenn wir kein klärendes Gespräch hatten, gibt es ein wunderbar ironisches Ende. Die Dame, für die er mich verlassen hatte, wurde schwanger – aber nicht von ihm.

Ist euch das auch schon aufgefallen? Im Rückblick ist Liebeskummer viel weniger schmerzhaft, als wenn man mittendrin steckt und nicht weiß, wohin mit sich. Versteht mich nicht falsch. Wir bilden uns unseren Liebeskummer nicht ein, und ihn zu durchleiden, ist definitiv kein Spaziergang. Nein, er ist echt und kann dich zerreißen. Aber Liebeskummer hat ein klares Verfallsdatum. Wenn du richtig damit umgehst, sollte er im Schnitt nicht länger als eine Grippe dauern. Alles darüber hinaus ist Ego, Einbildung, absolute Energie- und Zeitverschwendung, die DU verursachst. DU kreierst das ganz große Drama in deinem Kopf. Auf einmal weißt du, was er denkt. Warum, weshalb er sich dir gegenüber so verhält. Du führst stundenlange Dialoge mit ihm – in deinem Kopf. Schläfst nicht mehr und hast für nichts anderes mehr Energie. Stopp den Bullshit. SOFORT! Du denkst dir Sachen aus, die nicht existieren. Du kreierst eine Illusion, die überhaupt keinen Sinn ergibt. Ich kann dir nur raten, Schwester, verschwende nicht deine kostbare Lebenszeit, einem Kerl hinterherzuweinen, der dich nicht respektiert und wertschätzt.

Du kannst niemanden zwingen, dich zu lieben. Aber du kannst DICH dazu zwingen, nicht zu leiden, sondern die beste Energie aus der beschissenen Situation zu ziehen. Vielleicht bekommst du jetzt endlich die Beförderung, weil du dich in deine Arbeit schmeißt und dich doppelt so hart anstrengst wie vorher. Vielleicht trägst du jetzt endlich die Klamotten, die Frisur, die DU willst. Vielleicht machst du endlich die Reise deines Lebens. Vielleicht fliegst du alleine oder mit deinen Kindern oder deinen Freundinnen dahin, wo du schon immer mal Urlaub machen wolltest. Verwandele deinen Liebeskummer in Stärke und lass ihn den Treibstoff für deinen Erfolg sein. Jeder Schmerz, den du spürst, trägt das Potenzial in sich, dich höher zu bringen. Es liegt an dir, aus den Trümmern des Kummers eine Treppe zum Erfolg zu bauen. Lass dies den Moment sein, in dem du dich entscheidest, aus dem Schmerz etwas Großes zu erschaffen. Dein Weg mag hart sein, aber er führt dich zu einem Ort, den du dir vorher kaum hättest vorstellen können.

Und wenn der erste Schmerz vorbei ist, wenn du genug von deinem Liebeskummer hast, mach dir bewusst, was schiefgelaufen ist und warum. Welchen Anteil du am Ende der Beziehung hast. Vergiss es nicht, lerne daraus. Und dann tanz durch deine Wohnung und sing *Liebeskummer lohnt sich, my darling.*

Durch Schmerz wächst das Herz, um eines Tages dich selbst zu LIEBEN.

Miss Gammour

6.
ZIEMLICH FALSCHE FREUNDE

Jung, wunderschön und wild. Das sind Liana und Mayla. Zwei Frauen, die seit Jahren gemeinsam durch dick und dünn gehen. Sie verbringen jede freie Minute miteinander, mischen das Nachtleben auf, sind auf jeder Party gern gesehene Gäste. Wie Zwillinge sieht man die eine nie ohne die andere. Viele beneiden sie um ihre innige Freundschaft. Es scheint, dass nichts sie auseinanderbringen könnte. Nicht mal, als Mayla sich unsterblich in den attraktiven und sehr erfolgreichen Geschäftsmann Karim verliebt. Liana ist glücklich für ihre beste Freundin und Trauzeugin auf deren traumhafter Hochzeit. Mayla wird schwanger und Karim beginnt, sich zu verändern. Mit der Geburt ihres Sohnes lässt Karim seine Frau nicht mehr aus den Augen, beginnt, sie zu bevormunden, lässt sie allein mit dem Kind, überwacht gleichzeitig eifersüchtig jeden ihrer Schritte und treibt einen Keil zwischen sie und Liana. Die versucht zu vermitteln und die Freundschaft zu retten. Aber plötzlich meldet sich Mayla nicht mehr, reagiert auf keine von Lianas Nachrichten. Kurz darauf erfährt sie, dass Mayla mit Karim und dem Baby ausgewandert sind. Statt einer Erklärung schweigt Mayla und blockiert Liana auf allen Kanälen. Ohne zu wissen, warum, ohne zu verstehen, was passiert ist, hat Liana ihre beste Freundin verloren.

Fragt ihr euch auch, WARUM? Was passiert ist? Habt ihr eine Erklärung für Maylas Verhalten? Ich habe eine, denn ich habe etwas Ähnliches erlebt. Für mich liegt auf der Hand, dass Mayla von Karim manipuliert wurde. Seine Eifersucht auf die Freundschaft zwischen Liana und Mayla war zu groß und Mayla nicht stark genug, um zu ihrer Freundin zu stehen. Leider weiß ich ganz genau, wie Liana sich fühlt. Wer von euch hat meine ersten zwei Bücher gelesen? Dann erinnert ihr euch bestimmt noch an Clumsy. Sie war damals meine beste Freundin. Unser Motto war, wir lachen zusammen, wir weinen zusammen. Wir heiraten zusammen. Wir sterben zusammen. Wenn ich Erfolg habe, hast du Erfolg. Wir gegen den Rest der Welt. So war das mit mir und Clumsy. Sieben Jahre waren wir die besten Freundinnen, haben ALLES zusammen gemacht. Wir waren so eng miteinander, dass sogar unser Monatszyklus auf den Tag gleich war. Nur ihr habe ich bedingungslos vertraut. Meine dunkelsten Geheimnisse, meine größten Ängste – sie wusste ALLES von mir. Als Einzige. Denn ich war komplett auf sie fokussiert. Niemand anderes hatte überhaupt eine Chance, in mein Leben zu kommen. Clumsy war *my best friend.*

Freundschaft war damals etwas für mich, das erst mit dem Tod endet. Absolute und bedingungslose Loyalität eben. Und gleichzeitig war ich so glücklich mit dieser Freundschaft, dass ich die ganze Welt daran teilhaben lassen wollte. Also haben wir unsere Freundschaft zelebriert. Jeder auf Social Media konnte sehen, dass wir die gleichen Klamotten mögen und tragen. Dass wir das Leben feiern. Gemeinsam. Und wir haben das Leben gefeiert, Digga, wir haben UNS gefeiert. Lobreden haben wir auf uns gehalten. Jede auf die andere. Unsere Freundschaft war wie bei *Sex and the City* und wurde zum Vorbild da draußen. Heute weiß ich, ich habe ein BILD von uns kreiert, dass ich auf Instagram präsentieren konnte. Aber nicht aus Berechnung. Nein. Weil ich wirklich an unsere Freundschaft geglaubt habe. Blind vor Liebe war ich für diesen Menschen, der für mich wie Familie war.

Am Tag ihrer Hochzeit saß ich neben ihr. Nach ihr und ihrem Mann war ich der dritte Mensch, der die Babys nach der Geburt gehalten hat. Ihre Kinder waren meine Kinder. Heute weiß ich, damals war ich besessen davon, diese eine beste Freundin zu haben. Weil es das war, was mir im Leben so gefehlt hat. Heute weiß ich, es konnte nicht funktionieren. Denn alles, was du erzwingst, funktioniert nicht. Deswegen gibt es diese Person auch nicht mehr in meinem Leben. Denn ich habe irgendwann beschlossen, dass es vorbei ist mit uns, und habe mich verabschiedet von diesem Bild. Und ich habe mich verabschiedet von unserer Freundschaft, die eine der größten Enttäuschungen war, die ich in den letzten Jahren erleben musste.

Kennst du das? Wenn auf einmal dieser Mensch, den du in- und auswendig zu kennen glaubst, dir plötzlich komplett fremd ist? Wenn du diesen Menschen nicht mehr wiedererkennst? Natürlich habe ich mich gefragt, was ich falsch gemacht habe. Es sind ja immer mehrere Gründe, warum eine Freundschaft irgendwann nicht mehr funktioniert. Gerade so eine innige, wie unsere es war. Manchmal weiß man es gar nicht so ganz genau. Im Fall von Clumsy weiß ich es. Zu 100 Prozent! Jeden einzelnen Grund kenne ich. Einer war, ich habe bei mir selbst nicht genug in die Tiefe geschaut. Hätte ich das getan, hätte ich erkannt, dass wir gar nicht so gut zusammenpassen, wie ich mir das all die Jahre eingeredet habe. Dass sie sogar das Gegenteil von mir ist. Dass ihre Werte nicht meine Werte sind.

Ich glaube immer noch an die wahre Freundschaft, habe nie aufgehört, daran zu glauben. Aber ich weiß jetzt, dass Wünsche manchmal den Blick auf das verschleiern, was wirklich ist. Denn Wünsche sind Wünsche – und nicht die Realität. Wenn du dich also auf einen Menschen einlässt, mit ihm befreundet sein willst, dann achte darauf, was hinter der Fassade ist. Lass dich nicht von der Oberfläche, von den ganzen Äußerlichkeiten blenden. Taten sagen mehr als Worte! Es ist leicht, zu sagen: »Ich liebe dich.« Das kannst du so oft tun, wie du willst. Aber es sind nur Worte. Heute zählt für mich, dass du es mir zeigst.

Ein weiterer Grund dafür, dass die Freundschaft zwischen Frauen zerbricht, ist oft männlich. Weil manche Männer eifersüchtig sind. Oder so ein Machtdenken haben. *Diese Frau gehört nur mir* und dieser ganze Bullshit. So wie bei Mayla. Und so war es irgendwann auch bei meiner ex-besten Freundin und mir. *Guess what.* Sie hat sich unsterblich verliebt, aber nicht getraut, ihren späteren Ehemann anzusprechen. Also habe ich zwischen den beiden vermittelt und ihnen Mut gemacht. Damit begann ein neuer Abschnitt. Ich war ab dann nicht mehr die Nummer eins in ihrem Leben und das war absolut okay für mich. Weil ich meine Freundin geliebt habe. Ihr Glück habe ich ihr so gegönnt. Clumsy hat also ihre große Liebe gefunden, eine Familie gegründet und ich durfte daran teilhaben. Ich war dann auch mit ihm befreundet und alles war cool.

Aber eben nur eine Zeitlang. Irgendwann wurde es hässlich zwischen den beiden. Und obwohl er ja auch mein Freund war, war ich dann der Meinung, dieser Kerl tut ihr nicht mehr gut. Lange konnte ich aber nur zuschauen, wie er etwas aus ihr machte, was sie eigentlich nicht war. Bald war sie verzweifelt und hat mich um Rat gefragt. Und was wäre ich für eine Freundin, wenn ich ihr meine Hilfe verweigert hätte? Ich würde mich NIE in eine Beziehung einmischen. Aber wenn du mich um meine Meinung fragst, dann sage ich dir, wie ich die Dinge sehe. In einer Form, die akzeptabel und erwachsen ist. Ich meine, sie waren ja mal glücklich miteinander. Wenn man es aber irgendwann nicht mehr ist, muss man nach den Gründen suchen – und eine Lösung finden. Das geht natürlich nur, wenn beide es wollen und gemeinsam versuchen, es zu ändern.

Mein Rat an beide war, sich eine Zeitlang räumlich zu trennen. Aus Liebe zu ihren Kindern. Räumliche Trennung – ich habe NIE von Scheidung gesprochen. Als Freundin von beiden habe ich ihnen erst getrennt und dann zusammen gesagt, was in meinen Augen das Problem war: *Vielleicht liebt ihr euch noch. Aber ihr seid keine Freunde mehr.* Natürlich sollte man sich in einer Beziehung lieben und anziehend finden. Aber Liebe kann bekanntlich launisch sein. Mal liebt einer mehr als der andere. Manchmal verliert man die Liebe, manchmal findet man sie wieder. Deswegen finde ich, ein Liebespaar sollte auch immer befreundet sein. Weil echte Freunde sehr loyal zueinander sind. Respektvoll miteinander umgehen, tolerant sind. Man geht gemeinsam durch dick und dünn, man *supportet* sich. Davon abgesehen finde ich es wichtig, vor allem sich selbst ein guter Freund zu sein. Denn nur dann kannst du überhaupt eine gute Freundschaft erkennen.

Als ihre beste Freundin habe ich damals Clumsy UND ihren Mann unterstützt, so gut ich konnte. Weil ich genau wusste, was da gerade passierte. Es war, als würde ich einen Film über mich und meine große Liebe anschauen. Es war genauso verzweifelt, toxisch und zerstörerisch, wie meine Beziehung gewesen war. Das war wirklich schlimm und kaum auszuhalten. Deswegen wollte ich meine damals beste Freundin beschützen, ja, ich wollte sie retten. Deswegen habe ich ihnen beiden diesen Rat mit der räumlichen Trennung gegeben. Aber natürlich gab es KEINE räumliche Trennung. Im Gegenteil. Es war genau wie bei mir – (falsche) Liebe macht blind. Aber vor allem ist die Angst vor dem Alleinsein oft stärker als das Gefühl, unglücklich zu sein. Gerade wenn Kinder im Spiel sind. Wofür ich absolut Verständnis habe.

Aber die Entscheidung meiner damals besten Freundin, weiter in dieser toxischen Beziehung zu bleiben, war der Anfang vom Ende unserer Freundschaft. Denn das nächste Level war, dass ihr von ihrem Mann Dinge eingeredet wurden, die mich in einem echt schlechten Licht gezeigt haben. Obwohl es nicht die Wahrheit war, hat sie ihrem Mann geglaubt. Statt mit mir zu sprechen, mich zu fragen, ob es stimmt, was er behauptet. Warum hat er das getan, fragst du? Aus Selbstschutz. Für ihn war ich eine Bedrohung. Er war eifersüchtig auf das, was mich mit seiner Frau seit Jahren verbunden hat. Er wollte sie unbedingt kontrollieren. Genau das hat er getan. Er hat sie systematisch eingeschüchtert, ihr jeden Sonntag mit Trennung und später sogar mit Scheidung gedroht. Er wusste ja, wie leicht sie zu manipulieren war. Im Gegensatz zu mir. Mich konnte er weder einschüchtern noch mir drohen. Heute denke ich, er hatte schlicht Angst, dass sie mir (wieder) mehr vertrauen würde als ihm. Deswegen wollte er mich loswerden. Deswegen hat er Lügen über mich verbreitet, mich schlechtgemacht. Und sie? Sie war zu schwach, ihm zu widersprechen. Er hat ihr so viele Zweifel eingepflanzt, dass sie mir nicht mehr vertraut hat. Er wollte mich loswerden.

Und er hat gewonnen. Ich wurde zum Störfaktor, zum Feind erklärt, was sie wieder enger miteinander verbunden hat. Es ist zwar Selbstbetrug, aber in solchen Beziehungen wird immer dem Dritten die Schuld für das eigene Unglücklichsein gegeben. In diesem Fall also mir. So ist das in toxischen Beziehungen, bei denen auch noch ein Narzisst im Spiel ist. Um selbst keine Verantwortung für seinen Scheiß zu übernehmen, gibt man einfach anderen die Schuld für alles, was schlecht läuft. Das war echt hart. Besonders, weil ich ja genau wusste, was da vor meinen Augen und vor allem hinter den Kulissen passierte. Es war bitter, zuzugucken, wie meine damals beste Freundin sich veränderte und immer unglücklicher wurde.

Ich weiß nicht, ob sie früher wirklich glücklich war. Auf mich hat sie zumindest immer glücklich gewirkt – vor ihrer Beziehung, vor ihrer Ehe. Wir haben unser Leben gefeiert, unsere Freundschaft und alles, was wir miteinander erlebten. Waren wir wirklich glücklich? Wer kann das im Rückblick schon so genau sagen. Aber mit ihm hat sich eben sehr viel verändert. SIE hat sich so verändert, dass sie eine der wichtigsten Entscheidungen ihres Lebens getroffen hat, ohne mir davon zu erzählen. Einige von euch erinnern sich bestimmt noch, dass sie mit ihrem Mann und den Kindern Deutschland verlassen hat. Es war so ein krasser Schlag ins Gesicht. Ich wollte es erst nicht glauben. Denn NIE hätte ich gedacht, dass meine beste Freundin, meine Schwester, meine Partnerin, meine erste Anlaufstelle, dass ausgerechnet der Mensch, der ALLE meine Geheimnisse kennt, auswandert. Einfach so Deutschland verlässt, ohne mir davon zu erzählen, ohne auch nur ein einziges Wort zu sagen. Keinen Ton! Nicht EINE Andeutung hat sie gemacht. Dass sie ausgewandert ist, habe ich erst über Dritte erfahren.

Innerhalb von weniger als drei Wochen hatte ich meine beste Freundin, einen so wichtigen Teil meines Lebens, verloren. Ich würde die Kinder, für die ich vom Tag ihrer Geburt die Tatta war, die ich gewickelt, gefüttert, die ich wie meine eigenen Kinder geliebt habe, nicht mehr sehen. Es fühlte sich an, als würde mir jemand ein Messer in mein Herz stechen und dann noch umdrehen. Und *on top* war da ja auch noch unser gemeinsames Business. Unser Projekt, bei dem ich als stille Teilhaberin so unfassbar viel Geld investiert hatte. Plötzlich im Arsch. Alles wurde gecancelt. Mir ist ein großer wirtschaftlicher Schaden entstanden. *No risk, no fun.* Pech gehabt.

Die Story mit dem Auswandern dagegen war unfassbar schmerzhaft. Und das hatte ja auch noch krasse Konsequenzen. Erinnert ihr euch? Sie ist mir dann ja entfolgt. Ohne Ankündigung. Ohne vorher mit mir über die Gründe zu sprechen oder mir zu erklären, warum sie das tut. Ihr kennt ja das Spiel: Wenn dir als Person des öffentlichen Lebens deine beste Freundin plötzlich nicht mehr auf Instagram folgt, bist du gezwungen, öffentlich Stellung zu beziehen. Das ist so unangenehm. Aber natürlich habe ich mich erklärt, meine Sicht der Dinge erzählt.

Doch sie ist mir nicht nur entfolgt, sie hat mich auch verraten. Dinge, die ich ihr im absoluten Vertrauen, in meiner dunkelsten Zeit, in purer Verzweiflung und unter Tränen erzählt hatte, die einzig und allein sie wusste, wurden plötzlich öffentlich. Sie hat mein Vertrauen missbraucht. Wie würdet ihr euch fühlen, wenn ein Freund die privatesten Dinge aus euren Leben gegen euch benutzt? Könnt ihr euch vorstellen, was das alles bei mir ausgelöst, welche bitteren Konsequenzen das für mich hatte? Ich sage es euch. Abgesehen von der Enttäuschung, die ich ja verdauen musste, haben Leute, die mich überhaupt nicht kennen, die noch nie ein einziges Wort mit mir gesprochen haben, auf einmal schlecht über mich geredet. Es wurde ernsthaft behauptet, ich wäre *nicht fähig, mit irgendjemand befreundet zu sein*. Willst du mich verarschen, Digga? Damals hätte ich ALLES für mein ex-beste Freundin getan. Ich wäre für sie durchs Feuer gegangen. Und dann so ein *fucking* Vorwurf?! Das war Verrat. Ich habe mich so verleumdet gefühlt. Es war eine wirklich harte Zeit.

Ihr glaubt, das war schon das Schlimmste? Mehr Kränkung geht nicht? *Forget it*. Es kam noch härter. Im April 2024 bekam ich ein Anwaltsschreiben. Es ging um dieses Projekt, bei dem ich stille Investorin war und das wir zu dritt als GmbH hatten aufziehen wollen. Wir erinnern uns – SIE ist von heute auf morgen ausgewandert, wie so viele Influencer in den letzten Jahren. Seit wir befreundet waren, wurde sie bekannt, bekam Reichweite, hat zwei Bestseller geschrieben, war in verschiedenen Fernsehsendungen eingeladen. Diesen Erfolg habe ich ihr absolut gegönnt. Das Einzige, was ich im Gegenzug wollte, war Freundschaft, waren Loyalität, Wertschätzung, Zugehörigkeit. Und ja – Dankbarkeit. Nichts davon habe ich bekommen. Nur ein beschissenes Anwaltsschreiben. Sie wollte ihre Einlage aus der GmbH zurück – was legitim ist. Aber ICH sollte auch noch ihre Anwaltskosten übernehmen! Ich habe die Sache dann meiner Anwältin übergeben. Ich wollte mich nicht mit meiner ex-besten Freundin streiten. Ich meine, sie war sieben Jahre lang meine beste Freundin und dann so eine Story.

Seitdem hat sich meine Perspektive auf Freundschaft verändert. Ich glaube immer noch daran und an Vertrauen. Denn Vertrauen ist etwas Wunderbares. Nur bin ich jetzt viel vorsichtiger, wem ich vertraue, wer mein Freund sein darf. Ich schaue genauer hin. Überprüfe, ob wir dieselben Werte haben.

Wenn Loyalität, Respekt und Ehrlichkeit für dich Fremdworte sind – *fuck off.*

Wenn du an nichts glaubst – weder an Gott noch an Karma oder Schicksal oder das Universum oder was weiß ich – *fuck off.*

Wenn du nur mit mir befreundet sein willst, um von mir zu profitieren – *fuck off.*

Was ich aus dieser Geschichte gelernt habe, hat der ehemalige Boxer Mike Tyson auf den Punkt gebracht: *Nicht jeder Freund ist dein Freund und nicht jeder Feind ist dein Feind.* Krass, oder? Lies es noch mal! Denk in Ruhe darüber nach. Ich habe es lange nicht wahrhaben wollen. Es war schwer, das zu begreifen und zu akzeptieren. Heute kann ich es und sage, diese Person war meine bislang härteste Lektion. Trotzdem bin ich dankbar für diese Erfahrung. Denn am Ende sind die dunklen, schwierigen Tage, voller Schmerz und Enttäuschungen, die besten Lehrer des Lebens.

**Nicht jeder Schatten,
der dich begleitet,
will dein LICHT bewahren.**

7.
DER FEIND IN DEINEM BETT

Sarah wurde gerade von ihrem Freund für eine Jüngere verlassen, als sie die quirlige Denise kennenlernt. Frech, laut und irgendwie geheimnisvoll, zieht sie Sarah in ihren Bann. Innerhalb kürzester Zeit wird Denise zu Sarahs engster Vertrauten. Wo immer die beiden auftauchen, versprühen sie Glamour, Sexyness und wilde Lebensfreude. So lernen sie auch Alex und seine Clique kennen. Alex und Sarah verlieben sich ineinander. Ohne ihre Eifersucht zu zeigen, beginnt Denise ein falsches Spiel. Behauptet, ihr gewalttätiger Ex-Freund sei wieder aufgetaucht und bedrohe sie. Sie habe Angst um ihr Leben. Sarah ist entsetzt und lässt Denise bei sich wohnen. Doch damit beginnt der Albtraum ihres Lebens. Denn Denise ist ein Parasit. Nistet sich in Sarahs Leben ein, beteiligt sich weder an der Miete noch an Einkäufen, bedient sich an ihrem Lebensstil. Als Sarah und Alex planen zusammenzuziehen, versucht Denise wie ein teuflisches Monster, mit schlimmen Lügen das Glück der beiden zu zerstören. Denn verliert ein Parasit seinen Wirt, stirbt er. Wenn Sarah und Alex also zusammenziehen, muss Denise die Wohnung von Sarah verlassen und verliert ihr bequemes Leben – das kann Denise auf keinen Fall zulassen.

Klingt gruselig? Ist es! Ihr werdet es kaum glauben, aber ich war mal in einer ähnlichen Situation. Was lustig und aufregend begann, hat sich zu einem echten Albtraum entwickelt. Zwei Jahre (!) hat die schlimmste Person, die ich je kennengelernt habe, mir das Leben zur Hölle gemacht. Sie war der Teufel – und ich habe es lange nicht erkannt. Denn der Teufel begegnet dir niemals mit Hörnern und schrecklichem Gesicht, sondern mit dem schönsten Lächeln und der freundlichsten Stimme. Wenn ich eine Sache in meinem Leben bereue, dann ist es nicht das Rauchen (damit habe ich aufgehört) und sind es nicht die Menschen, die nicht zu mir gepasst haben (und das waren viele). Nein, ich bereue nur die Freundschaft zu dieser furchtbaren Person. Nennen wir sie S. Ich weiß, was du jetzt denkst – S. wie Schlampe oder Schlange. Nein, S. wie Satan. Denn der war sie! Nur hat man ihr das nicht auf den ersten Blick angesehen. Im Gegenteil. S. war witzig, sexy, lebenslustig, hatte eine tolle Figur, tolle Haare, ein unwiderstehliches Lachen, einen faszinierenden Blick. Sie hat mit ihrer unbändigen Energie jeden in ihren Bann gezogen, jeden um den Finger gewickelt. Auch mich. Ehrlich, ich war ihr verfallen.

Kennengelernt habe ich sie zu der Zeit, als gerade mal wieder Schluss war mit meiner großen Liebe, mit meinem Mister Big (wie bei *Sex and the City*). Wir hatten ja diese On-off-Beziehung, und ich hatte gerade in Betracht gezogen, von meiner Heimatstadt in seine Stadt zu ziehen, um ihm näher zu sein. Klingt total bescheuert, ich würde mir heute eine Schelle geben, aber ich war zu der Zeit schwer verliebt. Ich war aber nicht nur schwer verliebt, sondern eben auch sehr verunsichert, empfindlich und verletzlich. Und vor allem fühlte ich mich sehr alleine. Genau in der Zeit kontaktierte mich S. über Social Media. Wir haben ein paar Mal hin und her geschrieben. Als wir uns dann getroffen haben, hat es sich tatsächlich angefühlt wie ein erstes Date. Es war richtig schön – und auch aufregend. Denn S. hatte etwas Teuflisches, was mich angezogen hat. Ich war von ihr fasziniert, weil sie so anders war als ich. Und weil ich Liebeskummer hatte. Wenn du traurig bist, bist du dankbar für einen Menschen, der dich versteht, von deinem Kummer ablenkt und dein Selbstwertgefühl wieder aufbaut. Und S. wusste genau, welche Knöpfe sie bei mir drücken musste. Wäre ich nicht so verletzlich gewesen, hätte ich all die

Alarmglocken gehört, die mich vor ihr gewarnt haben. Stattdessen entstand innerhalb kürzester Zeit eine Abhängigkeit, die mir so heute nicht mehr passieren würde.

Und während ich das hier schreibe, denke ich, hätte ich doch nur nie auf ihre Nachricht reagiert. Hätte ich mich nur nie mit ihr getroffen. Stattdessen habe ich genau das immer wieder getan – sie getroffen, ihr vertraut. Es stellte sich nämlich schnell heraus, dass sie zum Freundeskreis von meinem Mister Big gehörte. Damit hatte sie mich am Haken. Denn damals zählte für mich nur ER. Wenn ich mit ihr zusammen war, war ich automatisch ihm näher. So kam es, dass S. und ich sehr viel Zeit miteinander verbracht haben, oft ausgegangen sind. Ich bin dann ja nach Berlin gezogen, um näher bei meinem Mister Big zu sein. Während ich in der Hauptstadt lebte, wohnte sie in irgendeinem Vorort in Hessen. Sobald ich meine schöne Altbauwohnung eingerichtet hatte, kam S. mich besuchen, und irgendwann hat sie gesagt, sie würde auch so gerne in Berlin leben. Als Freundin habe ihr natürlich angeboten, dass sie für zwei, drei Wochen bei mir wohnen könnte, bis sie was Eigenes gefunden hat. Damit konnte sie teure Hotelkosten und auch den Makler sparen. Abgesehen davon war ich ja mit Monrose auf Tour. Die Wohnung stand zu der Zeit also sowieso oft leer. Wenn ich keine Auftritte hatte, haben S. und ich es krachen lassen. NIEMAND kam an uns vorbei, niemand konnte uns ignorieren. Auch meine große Liebe nicht. Wir haben Berlin den Kopf verdreht. Zusammen sahen wir so verdammt gut aus. Alle Blicke waren immer auf uns gerichtet. Weil wir JEDEN Gang zum *walk* über den roten Teppich gemacht haben. Mit S. war alles leicht und hatte Glamour. Wir waren sexy, beliebt und in jedem Club, auf jeder Party willkommen. Unser Motto war: Was kostet die Welt, Champagner für alle. Immerhin war ich ja Teil einer erfolgreichen Girlband, habe gut verdient.

Irgendwann fiel mir auf, dass mein Kontostand am Ende des Monats rot war. Erst habe ich mir nichts dabei gedacht. So was kann schon mal passieren. Denn die Wahrheit ist, wenn ich mit jemandem ausgehe, egal, ob ins Café oder essen oder in eine Bar, habe ich immer das Bedürfnis, die Rechnung zu übernehmen. Einfach, weil ich es als unhöflich empfinde, nicht als Erste mein Portemonnaie zu zücken. Ich weiß, dass es eine blöde Angewohnheit ist, weil es genug Menschen gibt, die deine Großzügigkeit ausnutzen. Aber ich kann nun mal nicht aus meiner Haut. Tatsächlich hat S. genau das getan – mich schamlos ausgenutzt. Seit sie bei mir wohnte, war mein Konto JEDEN Monat in den Miesen. Denn S. hat NIE ihr Portemonnaie gezückt, sondern ohne schlechtes Gewissen mich ALLES bezahlen lassen. Selbst ihre Strafzettel. Erst war sie ja arbeitslos und hatte dann (angeblich) einen schlecht bezahlten Job. (Im Nachhinein eine von vielen frechen Lügen.)

Und ich? Habe nichts gesagt, denn ich war ihr ja dankbar. Schließlich hat sie mir eine wirklich gute Zeit bereitet. Außerdem bin ich gerne großzügig. Deswegen ja auch das Angebot, für ein paar Wochen bei mir zu wohnen. Das war der größte Fehler, den ich hätte machen können. Mehr als *1030 Tage* saß sie dick und fett in meinem Zuhause, dieser verdammte Parasit! Es wurde zu einem nicht enden wollenden Albtraum. Ich wünschte, ich hätte es vorher gewusst oder doch wenigstens geahnt. Deswegen kann ich Sarahs Verzweiflung so gut verstehen. Ich war genauso hilflos wie sie. Du hoffst immer nur, dass dieser Horror vorbeigeht, du endlich aus diesem Albtraum aufwachst. Ich bin dann irgendwann zwar tatsächlich aufgewacht. Aber der Horror ging trotzdem immer weiter.

Zum Glück haben aber selbst Horrorstorys einen Wendepunkt, der der Anfang vom Ende ist. In meinem Fall war der Wendepunkt eine Jeans. Aber nicht irgendeine. Sondern eine aus den USA importierte. Ihr wisst, ich liebe schöne Sachen. Schon immer. Und als ich noch bei Monrose war, habe ich immer sehr sexy Klamotten getragen. In meiner Freizeit musste es bequemer, aber eben auch cool sein. Also habe ich mir diese Jeans bestellt, die es in Deutschland nicht gab. Es hat Wochen gedauert und noch mal viel Geld für den Zoll gekostet, bis sie endlich geliefert wurde.

Ich kam von einem Gig wieder, war erschöpft. Als ich in meine Wohnung komme, die sich von Mal zu Mal weniger als MEINE Wohnung angefühlt hat, steht da S. und trägt meine neue Hose. Bestimmt weißt du, wie sich das anfühlt, wenn du dir etwas leistest, was du schon ewig haben möchtest. Wie sehr du dich darauf freust, es zum ersten Mal anzuziehen, dich im Spiegel zu betrachten und dich einfach nur toll damit zu fühlen. Ich war wirklich irritiert, als ich sah, dass sie ausgerechnet diese Jeans trug. Zum ersten Mal habe ich ihr eine Ansage gemacht und gesagt: »Ich habe kein Problem damit, wenn du dich an meinem Kleiderschrank bedienst. Aber ich habe ein Problem damit, wenn du Sachen anziehst, die ich selbst noch nicht anhatte.« Ob du es glaubst oder nicht, sie hat mich angeguckt und dreist behauptet, das wäre ihre Hose. Ich war fassungslos, dass sie mir so schamlos ins Gesicht lügt. Wollte es nicht wahrhaben. Weil ich nicht wusste, was ich sagen sollte, habe ich geschwiegen. Habe so getan, als wäre es ein Fehler der Post, dass *meine* Hose nicht geliefert worden war.

Diese Nummer hat aber für immer etwas in mir zerstört. Plötzlich war diese aufregende, lebhafte, schöne Freundin hässlich. Es war, als hätte sie ihre Maske abgelegt. Mir war es unglaublich unangenehm, dass sie mich angelogen hat – aber ihr? Kein bisschen. Im Gegenteil. Sie hat auf ihrer Lüge bestanden! Ich bin mir sicher, weil sie sie geglaubt hat! Und gegen jemanden, der glaubt, was er lügt, hast du null Chance. Und sie war eine verdammt gute Lügnerin. Wenn so jemand auf seiner Unwahrheit beharrt, wird es richtig gefährlich. Weil du ihm unterlegen bist. Weil du so schockierst bist und alles in Zweifel ziehst. Was ist denn dann überhaupt noch wahr? Du kannst nichts mehr glauben. Plötzlich habe ich verstanden, dass ich erneut in einer toxischen Beziehung mit einer narzisstischen, manipulativen Person war. Und mir wurde bewusst, sie ist Profi. Ich war sicher, dass ich nicht die Einzige war, die sie erst um den Finger gewickelt und dann brutal ausgenutzt hat. Nicht die Erste – und sicherlich auch nicht die Letzte. Jemand wie S. will den anderen Menschen besitzen, aussaugen, zerstören – und lenken. Und sie hat mich gelenkt, aufs Übelste manipuliert, belogen und betrogen und ausgenutzt. Ich hatte den Feind in meinem Haus, in meinem Leben, sogar in meinem Bett. Denn sie schlief ja in meinem Bett, wenn ich nicht da war.

Nach der Geschichte mit der Jeans konnte ich nicht länger die Augen vor der Wahrheit verschließen. Und die Wahrheit war, dass sie schon seit Monaten bei mir lebte, ohne sich an der Miete zu beteiligen oder wenigstens an den Nebenkosten. War sie auch nur ein Mal einkaufen gewesen? Nein. Kein Mietanteil, keine Nebenkosten, keine Lebensmittel, keine Kosmetikartikel – null. Am Ende hat sie sich zwei beschissene Jahre von mir aushalten lassen. Ich war die Kuh, die sie gemolken hat. Obwohl es sich schon bald nicht mehr gut anfühlte, nach Hause zu kommen, besonders, wenn ich wieder mal für ein paar Tage mit Monrose unterwegs gewesen war, wusste ich nicht, wie ich sie loswerden sollte. Mein Inneres hat sie immer mehr und immer heftiger abgelehnt. Aber obwohl sie mich so krass behandelt hat, fehlte mir der Mut, sie vor die Tür zu setzen. Warum? Sie wusste zu viel über mich. Sie hätte mir so immens schaden können mit Dingen, die heute niemanden mehr bocken, mich am allerwenigsten. Aber damals wäre es übel gewesen, wenn jemand zum Beispiel gewusst hätte, dass ich einen Fake-Account hatte und meinen Ex stalkte.

Und weil mir der Mut fehlte, habe ich geschwiegen und so getan, als wäre alles okay. Dabei kamen immer mehr Sachen raus, die so krass respektlos, so unverschämt waren. Die mich wirklich schockiert und überfordert haben. Wenn ich beispielsweise nicht da war, hat sie Leute eingeladen und so getan, als würde sie dort alleine wohnen. Sie hat mit meiner Wohnung angegeben, es waren fremde Typen IN MEINER WOHNUNG. Dabei ist mir mein Zuhause heilig! Ich will da keine fremden Menschen haben. Schon gar nicht, wenn ich nicht da bin. Es war, als wäre sie in mein Leben geschlüpft. Ich habe mich überhaupt nicht mehr wohl gefühlt in meinem eigentlich so wunderschönen Zuhause mit den hohen Decken, dem Stuck und der Flügeltür. Es war einfach nur noch furchtbar.

Es wissen nur wenige Leute, was ich euch jetzt erzähle, denn es war wirklich das Allerschrecklichste, was mir passiert ist. Etwas, das ich nicht mal meinem ärgsten Feind wünschen würde. Kennt ihr den Horrorfilm *Scream*? So habe ich mich über Wochen gefühlt – jede verdammte Nacht. Denn ich bekam Terroranrufe. Ohne Scheiß. Mitten in der Nacht, zu gottlosen Zeiten. Zehn, zwanzig Mal und mehr klingelte mein Telefon. Irgendwer rief mich mit verstellter Stimme an und flüsterte Drohungen und Beleidigungen. Nacht für Nacht für Nacht für Nacht. Ich habe mich zu Tode geängstigt, wenn die fremde Stimme sagte: »Ich stehe vor deiner Haustür.« Oder: »Wir haben dich gehackt.« Natürlich bin ich zur Polizei, um Anzeige zu erstatten. Aber wenn du nicht weißt, wer dein Stalker ist, können die nichts machen. Ich habe mich abends kaum noch rausgetraut. Wurde immer misstrauischer und habe geweint, während meine beste Freundin versucht hat, mich zu trösten. Je verängstigter ich wurde, je mehr ich gezittert habe, je verzweifelter ich war, desto schlimmer wurde dieser Psychoterror.

Ich habe meine Nummer gewechselt und für ein paar Tage war Ruhe. Ich hoffte, damit wäre es überstanden, und dachte gleichzeitig an all die Dokumentationen, Serien und Filme über Stalker – und bekam immer größere Angst um mein Leben. Ich erinnere mich an den Abend, als ich mit meiner besten Freundin und noch ein paar Leuten essen war. Ein wirklich schöner Abend. Ich fühlte mich gut, bin fröhlich nach Hause. Immerhin hatte ich eine neue Handynummer und fühlte mich sicher. Kaum war ich eingeschlafen, klingelte mein Telefon. Ich war sofort wach und dachte, irgendwas ist mit meiner Mutter. Aber ich war zu spät – der Anrufer hatte schon aufgelegt. Kurz darauf klingelte es erneut. Wieder war ich zu spät. Ich bekam ein ungutes Gefühl. Aber dann blieb es still. Ich hatte mich gerade wieder hingelegt, als es klingelte. Ich bin vor Schreck zusammengezuckt. Dieses Mal aber war ich schneller und sagte: »Hallo?« Eine verzerrte Stimme fragte mich: »Na, wie hat dir das Steak geschmeckt? Warum hast du deinen Salat nicht aufgegessen?« Mir ist fast das Herz stehen geblieben. Woher konnte der Anrufer wissen, was ich gegessen hatte? Er musste mich beobachtet haben. War er etwa im Restaurant gewesen? Wer war er?

Ich kann mich nicht mehr erinnern, wie ich diese Nacht überstanden habe. Am nächsten Tag war ich wieder so unfassbar müde, verstört und verzweifelt. Unter Tränen habe ich meiner besten Freundin gestanden, dass ich am Ende bin, nicht mehr kann. Sie hat mich getröstet und gemeint, dass ich sofort eine neue Handynummer brauchte – dieses Mal dürfte ich sie aber niemandem geben! Also wieder eine neue Nummer. Dieses Mal hatte ich nicht mal für eine Nacht Ruhe. Der Terror ging einfach weiter. Immer schlimmer, immer verstörender, immer beängstigender. Ich hatte inzwischen Angst, ins Bett zu gehen, Angst, einzuschlafen, Angst vor dem Klingeln meines Telefons. Angst um mein Leben. Ich habe geweint. Aus Angst, aber auch, weil ich so unfassbar erschöpft war. Und ich hatte Verfolgungswahn. *Die wissen IMMER, wo ich bin.* Das ist ein so schrecklicher Gedanke! Der Einzigen, der ich mich anvertrauen konnte, war meine zu der Zeit beste Freundin, die ja immer noch bei mir gewohnt hat. Jedes Mal, wenn ich mit ihr über meine Ängste gesprochen hatte, wurden die Anrufe aggressiver.

Erst viele, viele Jahre später wurde das Rätsel endlich gelöst. Durch meinen Ex-Freund! Von ihm habe ich erfahren, wer dieser unbekannte Anrufer, der unbekannte Feind war. Manchmal ist der größte Feind kein Fremder. Sondern genau der, der in deinem Bett schläft. Diese Erkenntnis war so bitter. Und doch hat sie im Rückblick alles erklärt, was ich damals durchleiden musste. Als ich endlich das Gesicht zu den Terroranrufen kannte, war zwar die Angst komplett weg. Doch die Wahrheit war trotzdem erschütternd: dass nämlich derjenige, der mit dir gegessen, geschlafen, gelacht, getanzt, den du umarmt hast, dem du vertraut hast, genau derjenige ist, der dir schlimmsten Nächte deines Lebens beschert hat. Nein, es war nicht mein Ex-Freund. S. war die Anruferin. Sie hat mich Nacht für Nacht bedroht, eingeschüchtert, zu Tode geängstigt.

Bis heute weiß ich nicht, warum sie das getan hat. Was ihr verdammtes Problem war. Ich weiß nur, sie war bösartig. Sie war der Teufel. Der absolute Feind. Sie war es, die meine Nummer an andere weitergegeben hat, die ebenfalls nachts angerufen haben, mit verstellter Stimme. Meine damals beste Freundin wollte mein Leben zerstören. Was sie zum Teil auch geschafft hat. Denn sie ist der Grund, warum ich mit einer einst guten Freundin nicht mehr rede. Auch wenn es keine Geschichte ist, mit der ich angeben kann, will ich sie euch erzählen.

Es gab da etwas, was mich bei dieser guten Freundin aufgeregt hat. Zu der Zeit hätte ich nämlich ihre Unterstützung gebraucht. Die sie mir aber nicht gegeben hat – ich weiß bis heute nicht, warum. Es spielt auch keine Rolle mehr. Aber damals hat mich das wütend gemacht und ich war in meiner Wortwahl nicht nett. Mein Fehler war, dass ich es ihr nicht direkt gesagt, sondern mich bei S. ausgekotzt habe. Die wiederum hat das meiner guten Freundin erzählt. Vielleicht hat sie es mit dem Handy aufgenommen. Vielleicht hat sie, während ich mit ihr telefoniert habe, den Lautsprecher angehabt – ich weiß nicht, was im kranken Kopf von S. vor sich gegangen ist. Diese Freundin, mit der ich heute leider nicht mehr befreundet bin, hat dank S. Dinge zu hören bekommen, die so gar nicht für ihre Ohren bestimmt waren.

Ja, es war ein schlimmes, hinterhältiges, gemeines Spiel, das S. zwei Jahre lang mit mir getrieben hat. Sie war verantwortlich für meinen Verfolgungswahn. Sie hat mich in eine Depression gestürzt. Meine Freundschaften zerstört. Es ist ihr gelungen, dass ich mich in meiner eigenen Wohnung unwohl gefühlt habe. (Dabei soll deine Wohnung dein Ruhepol sein.) Sie hat gelogen, wenn sie nur den Mund aufgemacht hat. Sie hat auf meine Kosten gelebt. Diese Person war so unglaublich hasserfüllt, dass sie sogar mit meinem Ex-Freund, mit meinem Mister Big, meiner großen Liebe, im Bett war. So viel Bösartigkeit in einer einzigen Person ist wirklich unfassbar. Bis heute. Gäbe es eine Zeitmaschine und ich könnte zurück in dieses Jahr, in dem S. mich das erste Mal kontaktiert hat, ich würde ihr nicht antworten. Aber es ist nun mal passiert.

Zwei Dinge habe ich durch meinen eigenen Horrorfilm begriffen. Erstens, du kannst den Menschen nur vor den Kopf gucken. Zweitens, nicht jeder, der in dein Haus möchte, hat gute Absichten. Deswegen lass nicht jeden herein. Du fragst dich jetzt bestimmt, warum ich S. nicht vor die Tür gesetzt habe. Warum ich sie nicht mit all ihren Lügen konfrontiert habe. Die Antwort ist einfach und kompliziert zugleich. S. hatte zu viele Informationen über mich. Sie kannte meine tiefsten Geheimnisse, wusste so viele persönliche Dinge von mir und über mich. Und private Sachen haben in der Öffentlichkeit absolut nichts verloren. Aber diese *bitch* hat mir genau zugehört und das Gefühl gegeben, meine Freundin zu sein. Ich dachte wirklich, ich könnte ihr bedingungslos vertrauen. Aber was machen solche Menschen wie S.? Alle Informationen, die du ihnen gibst, sammeln sie. Für den Tag X. Den Tag, an dem es nicht mehr so läuft, wie sie es möchten. Und dann verwenden diese Personen ALLES gegen dich. Ich hatte damals schlicht Angst, sie könnte ihr Wissen über mich an eine Boulevardzeitung verkaufen. Ja, vielleicht hätte sie meiner Karriere geschadet, wer weiß es schon. Sie wusste genug über mich, um mich öffentlich zu demütigen.

Fakt ist, sie hat mich schon während unserer »Freundschaft« komplett verkauft, belogen, betrogen und am Ende terrorisiert. Was hätte sie wohl getan, wenn ich sie rausgeworfen hätte? Ihre Wut, ihr Zorn, ihr Bedürfnis nach Rache wären so groß gewesen, keine Ahnung, welchen Schaden sie dann noch angerichtet hätte. Und ich hatte ein schlechtes Gewissen, trotz dieser Erkenntnis. Das war meine Angst. Deswegen habe ich meinen Mund gehalten, deswegen konnte dieser miese Parasit mich weiter aussaugen und sein armseliges Leben auf meine Kosten leben. Ich habe mich lange gefragt, warum sie mich so hässlich behandelt hat. Erst im Nachhinein habe ich erfahren, dass sie mich ins offene Messer hat laufen lassen, was meine große Liebe angeht, meinen Mister Big, mit dem ich diese kranke On-off-Beziehung geführt habe. Sie wusste von seinen Frauengeschichten und hat kein Wort darüber gesagt. Als wahre Freundin hätte sie mich gewarnt, wäre mir gegenüber loyal gewesen. Natürlich war sie das nicht. Denn sie wollte mich ja zerstören.

Ich habe viel darüber nachgedacht, und ich glaube, sie hat unter anderem deswegen geschwiegen, weil sie wusste, ich hätte mich dann endgültig von meinem Mister Big getrennt. Auch wenn ich verdammt unglücklich gewesen wäre. Für sie als meine Freundin hätte das bedeutet, dass sie für mich hätte da sein müssen. Sie hätte mich auffangen, mich halten, mich wieder aufbauen müssen. Darauf hatte sie keinen Bock. Und so viel ist mal klar: Ich wäre definitiv aus der Wohnung ausgezogen. Genau das wusste sie. Damit hätte ich ihr aber nicht mehr genutzt. Aber genau darum ging es: um ihren eigenen Nutzen, einzig und allein um ihren Vorteil. Das war wirklich krasse Scheiße. Und was später auch noch rauskam: Mein Mister Big und sie hatten sich irgendwann regelrecht gegen mich verbündet. Wie? Indem sie ihm eingeredet hat, ich würde ihn mit schwarzer Magie an mich fesseln! Ernsthaft, Digga. Das hat sie behauptet. Und er hat ihr diesen kranken Scheiß geglaubt! Weil er vermutlich nicht wahrhaben wollte, dass er mich wirklich geliebt hat. Als wir damals dieses ewig lange Telefonat hatten, ich auf Ibiza, er in Deutschland, da hat er mir unter anderem gestanden, dass S. für diese nächtlichen Terroranrufe verantwortlich war. Warum, das wusste er auch nicht.

Ja, S. hat mir über zwei Jahre lang mein Leben wirklich zur Hölle gemacht. Meine Mutter und meine Schwester haben sie vom ersten Moment an gehasst. Haben in ihr gesehen, was ich zu der Zeit nicht sehen konnte. Nicht sehen wollte. Ihr wollt wissen, wie die Geschichte ausgegangen ist? Wie ich meine Depressionen überwunden habe? Wie ich sie am Ende doch noch losgeworden bin, obwohl ich so lange nicht wusste, wie? Über Silvester ist S. glücklicherweise zurück in ihre alte Heimat gefahren. Zum ersten Mal konnte ich wieder durchatmen. Statt aber die Ruhe und meine schöne Wohnung zu genießen, habe ich nur geweint. Ich war so unendlich verzweifelt, wie gelähmt, so erschöpft. Ich wusste nur, ich muss diesen Parasiten loswerden. Aber wie? WIE?!

Ich habe schließlich getan, was ich immer tue, wenn ich nicht mehr weiterweiß, wenn ich Hilfe brauche: Ich habe gebetet. Ich habe Gott um Hilfe angefleht. Und Gott hat geantwortet. Zwei Tage später hat meine Hausverwaltung angerufen. Meine schicke Altbauwohnung sollte verkauft werden. Sie boten sie mir als Erste an, weil ich einen unbefristeten Mietvertrag hatte. Mit so einem Vertrag hast du das sogenannte Vorkaufsrecht. Damals wusste ich aber nicht, ob ich wirklich in Deutschland bleiben und hier eine Wohnung kaufen wollte. Deswegen habe ich abgelehnt. Daraufhin hat mir die Hausverwaltung Geld angeboten, damit ich ausziehe. Es war am Ende ein sehr guter Deal. Ich bekam Geld, konnte den Zeitpunkt meines Auszugs selbst bestimmen und alle Möbel dalassen. Warum ich nichts mitgenommen habe? Alles war so vergiftet durch die Zeit mit S. Ich wollte mich von all den düsteren Erinnerungen trennen, um neu anzufangen. Also habe ich den Vertrag unterschrieben, und als S. im neuen Jahr zurückkam, konnte ich sagen: »Tut mir leid, aber die Wohnung wird verkauft, du musst dir jetzt was Eigenes suchen.« So bin ich sie schließlich doch noch losgeworden. Und habe nie wieder was von ihr gehört oder gelesen.

Aber man trifft sich ja bekanntlich immer zweimal im Leben. Irgendwann 2023 bin ich ihr tatsächlich begegnet – mit ihrem kleinen Kind. Aber dieses Treffen war kein Zufall. Sie hatte mich – wieder mal – gestalkt. Obwohl sie ihre kleine Tochter dabeihatte, wollte sie mich zu Rede stellen. Aber ich hatte meine Lektion gelernt. Und die lautet: Narzissten tötet es, wenn du ihnen kein Futter mehr gibst, wenn du ihnen die Aufmerksamkeit entziehst. Also habe ich mich dem Gespräch verweigert – schlimmer hätte ich sie nicht bestrafen können. Trotzdem blieb ein bitterer Nachgeschmack. Wisst ihr, was wirklich schlimm für mich war? Zu wissen, dass diese verlogenste und gefährlichste Person, die mir je unter die Augen gekommen ist, Mutter einer Tochter ist.

Das Messer im Rücken schmerzt TIEFER, wenn es von jemandem kommt, dem du vertraut hast.

Miss Gammour

8.
ZIEMLICH BESTE FREUNDE

Nach ihrer gescheiterten, kinderlosen Ehe will Nora keine Beziehung mehr. Doch dann findet sie über Social Media ihre Jugendliebe John wieder. Die alte Vertrautheit zwischen ihnen ist sofort wieder da. John kann sich alles mit Nora vorstellen – Hochzeit, Kinder. Ohne zu zögern, verlässt John seine Heimatstadt, zieht direkt zu Nora, die ihn finanziell unterstützt, weil es mit dem Job nicht gleich klappt. Blind vor Liebe, verdrängt Nora, dass sie sein komplettes Leben finanziert. Will nicht sehen, dass sie und er eigentlich nicht zueinander passen. Bei der ersten großen Bewährungsprobe zeigt John seinen wahren Charakter: Nora bekommt keine Beförderung, sondern die Kündigung. Kurz darauf wird ihr Hund überfahren und stirbt. John reagiert herzlos und gleichgültig. Nora, in Tränen aufgelöst, macht ihm Vorwürfe. Daraufhin wirft John ihr den Hausschlüssel vor die Füße und haut ab. Als Noras Wut in Trauer umschlägt, versucht sie, ihn zu erreichen. Doch John ist und bleibt verschwunden. Schockiert bittet Nora ihre beste Freundin um Rat und Trost. Die ist aber gerade auf einem Festival, danach fliegt sie für drei Wochen in den Urlaub. Nora soll abwarten, John wird schon wieder auftauchen. Was er aber nicht tut. Noras Freundin meldet sich auch nicht mehr, um Nora zur Seite zu stehen.

Wir alle wissen, was Nora schon viel früher hätte tun sollen. Deswegen, meine Lieben, wenn ihr in einer ähnlichen Situation seid, setzt den Typen vor die Tür. Trennt euch von ihm. Lasst euch nicht ausnutzen, und vor allem wartet nicht, bis er euer Konto leergeräumt hat. Parasiten braucht und vor allem will niemand von uns in seinem Leben. Und in diesem Zusammenhang überdenkt eure Freundschaften. Es ist so leicht, mit euch befreundet zu sein, wenn es euch gut geht, wenn bei euch alles rundläuft. Wenn ihr Erfolg habt und gut drauf seid. *Easy!* Das wahre Gesicht eines Menschen ist aber erst erkennbar, wenn wir nicht mehr *easy* sind. Wenn wir *in trouble* sind. Nora steckt bis zum Hals in Schwierigkeiten und bräuchte einen wahren Freund. Ich meine nicht diese Art von Freund à la »Mal zusammen einen Kaffee trinken«, »Mal Cluburlaub machen« oder »Lass uns mal ein Projekt zusammen starten«. Ich rede von echter, aufrichtiger, wirklicher Freundschaft. Denn kein wahrer Freund wird in so einer Situation, wie Nora sie erlebt, wortlos abtauchen oder in den Urlaub fahren. Ein wahrer, echter Freund wird sagen: »Ich habe Angst davor, was gerade bei dir passiert, aber ich gehe nicht.« Ein echter Freund wird dir geben, was du brauchst. Ob es eine Suppe ist, eine warme Decke um deine Schultern, eine Umarmung oder ein Anruf mit der Frage: »Brauchst du irgendwas?«

DAS ist selten. Aber das ist, was mein bester Freund Medeni getan hat, als es mir schlecht ging. Als Jamani gestorben ist. Mit dem Tod meiner Seelenkatze fiel ich in ein bodenloses Loch. Vier Wochen lang habe ich nur geweint. Und Medeni? Er war für mich da. Bedingungslos. Ohne zu fordern, ohne Grenzen zu überschreiten, ohne zu bewerten oder zu verurteilen. Er war da, immer. Hat mich getröstet, sich um mich gekümmert. Er hat für mich eingekauft, mir Essen gebracht, mich umarmt. Nicht nur, aber besonders in schwierigen Phasen sind die Menschen wichtig, die dir deinen Schmerz nicht ausreden wollen oder ihn ignorieren, sondern dich motivieren, dich moralisch unterstützen. Die sich um dich kümmern – »Iss was, schlaf ein bisschen.« Die dich trösten. Die nicht erwarten, dass du anrufst, sondern sagen: »Ich rufe dich an.« Die nicht beleidigt sind, wenn du nicht ans Telefon gehst, keine Nachrichten beantwortest.

Diese Menschen gibt es selten. Wenn du so einen Menschen in deinem Leben hast – halte ihn fest. Sei dir bewusst, welch Geschenk er ist. Behandle ihn mit Liebe und Respekt. Wertschätze ihn. Ein echter Freund ist für dich da, auch wenn er deine Probleme nicht lösen kann. Und vor allem macht dir ein echter Freund keine zusätzlichen Probleme. Nein. Er will Zeit mit dir verbringen. An deinem Leben teilhaben. Für dich da sein, auch wenn du nicht der strahlende Mittelpunkt der Party bist. Wenn du nicht top aussiehst. Wenn du dich klein und verlassen und einsam fühlst. Wenn du glaubst, nie wieder glücklich sein zu können, nie wieder auf den *red carpet* zu wollen. Ein echter Freund ist an deiner Seite, um mit dir zu lachen – und um dich zu trösten, vielleicht mit dir zu weinen.

Solche Freunde sind wichtig. Gute Menschen sind wichtig. Wir sind einfach nicht dafür gemacht, ohne Freunde durchs Leben zu gehen. Deswegen ist wahre Freundschaft so wichtig. Deswegen sollten wir dafür sorgen, dass wir mindestens einen echten Freund in unserem Leben haben. Wenn du ganz großes Glück hast, kann ein Freund auch Familie werden. Jemand, der nicht dein Blut ist, kann trotzdem dein Bruder oder deine Schwester sein. Aber bitte achte darauf, ob du diesen Menschen in deinem Leben nur willst, weil dir was fehlt. (So war es bei mir. Ich wollte so unbedingt eine beste Freundin, dass ich nicht richtig hingeschaut habe.) Willst du ihn oder sie so sehr, um eine Lücke zu schließen? Die Lücke, die »beste Freundin/bester Freund« heißt? Übersiehst du vielleicht Warnsignale? Oder kann dieser Mensch dein Leben bereichern, ohne dass du ihn brauchst? Denn was du willst, ist oft nicht das, was du brauchst. Ich habe viele Menschen in meinem Leben gehabt, die ich wollte, aber nicht brauchte. Deswegen wurde ich ausgenutzt, verletzt, gekränkt, belogen und betrogen. *Guess what.* Jede einzelne Person war eine Lektion. Jede einzelne Lektion war schmerzhaft. Aber es ist gut, dass ich erlebt habe, was ich erlebt habe. Es war wichtig, weil es mich auf das nächste Level gehoben hat. Denn im Gegensatz zu früher weiß ich jetzt, wer meine Freundschaft verdient, wem ich sie schenke, wem ich vertrauen kann.

Egal, wie krass und hart es im Leben manchmal zugeht, es wird wieder gut! Versprochen. Glaub mir. Wichtig ist, zu erkennen, dass jede Challenge ihren Sinn hat. Auch wenn du diesen Sinn nicht sofort erkennen kannst. Selbst wenn die Challenge eklig ist oder anstrengend oder dich traurig macht. Du wirst am Ende belohnt. So wie ich mit Medeni belohnt worden bin. Dafür danke ich dem lieben Gott.

Genauso wie für Aynur. Es ist immer noch unglaublich, wie uns das Leben zusammengeführt hat. Für mich ist sie mir von Gott geschickt worden. Denn bei allem Schmerz über den Verrat durch Frauen, die ich meine Freundin genannt habe, habe ich nie den Glauben an Freundschaft verloren. Und tatsächlich habe ich vor einiger Zeit eine Frau kennengelernt, die ich inzwischen sehr mag, der ich vertraue.

Getroffen haben wir uns – natürlich – zufällig. Auf dem Flug von Istanbul zurück nach Deutschland hatten wir die Plätze nebeneinander. Auf ihrem Schoß zwei Katzenbabys, die Aynur gerettet hat. Dabei hatte sie überhaupt keine Ahnung, wie man mit Katzen umgeht. Dagegen bin ich ja der größte Fan von Tieren, eine sehr erfahrene Katzenmama. Also habe ich sie gefragt, ob ich ihr helfen kann. Aynur wusste nicht, wer ich bin, und so haben wir uns ganz entspannt unterhalten. Drei Stunden lang haben wir geredet und dann in Berlin voneinander verabschiedet. Was kam dann irgendwann raus? Aynur ist schon ewig mit meinem besten Freund Medeni befreundet. Und dann, Jahre später, hat sie mir in einer sehr dunklen Situation geholfen, die für mich alleine unlösbar war. Dafür danke ich ihr. Du kannst mit jemandem sieben Jahre lang befreundet sein und dieser Freund ist am

Ende ein Fremder. Die Geschichte mit Aynur aber ist das beste Beispiel dafür, wie unerwartet ein Fremder in der dunkelsten Zeit zu deinem Freund werden kann. *Ay* bedeutet übrigens MOND auf Türkisch und *nur* bedeutet LICHT. Ich denke, Gott hat mir Aynur geschickt, denn sie hat mir in einer der dunkelsten Zeiten meines Lebens Licht gebracht.

Und dann gibt es auch noch Bahar (meine älteste Freundin aus Kindergartenzeiten). Obwohl wir uns nur noch selten sehen. In unserer Jugend waren wir über viele Jahre eng befreundet. Mit ihr bin ich damals abgehauen, weil wir die *Backstreet Boys* heiraten wollten. Dann habe ich Popstars gewonnen, bin aus Frankfurt weggezogen. Dagegen lebt Bahar immer noch in der gleichen Straße wie meine Mutter. Meine Kindergarten- und Jugendfreundin und ich haben zwar keine Telefonnummern ausgetauscht – unsere Freundschaft hat trotzdem nie aufgehört. Über meine Mutter sind wir in Kontakt. Deswegen wusste ich auch Bescheid, als Bahars Vater im Sterben lag. Natürlich habe ich sofort ein Ticket gebucht und mich von ihm verabschiedet. Habe ihm und seiner Familie meinen Respekt erwiesen – genau wie Bahar das damals getan hat. Sie stand mir zu Seite, als mein Vater gestorben war. Das ist, was ich meine: Wir sehen uns selten, tauschen uns weniger aus als früher, aber unsere Werte verbinden uns weiterhin. Deswegen nenne ich Bahar immer noch meine Freundin.

Diese Vertrautheit, die in der Kindheit und Jugend entsteht, ist so wertvoll, die kann zwei Menschen ein Leben lang verbinden. Wenn du als Erwachsener noch mal so jemanden findest, halte dieses große Geschenk fest. Wenn du eine solche Person in deinem Leben hast, umarme sie jetzt. Mach dir bewusst, welch großes Glück du hast. Es gibt so viele Menschen, die suchen ihr Leben lang nach dieser Person. Alle, die ihr euch diesen besonderen Menschen in eurem Leben wünscht – ich fühle eure Sehnsucht so hart. Irgendwann werdet auch ihr diesen einen Menschen finden. Ganz sicher. Den Gedanken der guten, der besten Freundin habe ich seit meinem ersten Buch übrigens zu Ende gedacht. Das Ergebnis ist echt krass. Denn erst jetzt habe ich begriffen, dass Clumsy eigentlich eine liebevolle Bezeichnung ist, wie ein Kosename. Clumsy ist ein Synonym für *beste Freundin*. Clumsy meint den Menschen, dem du bedingungslos vertraust, der deine Werte teilt. Der loyal ist, der immer für dich da sein wird, egal was passiert. Clumsy steht für das Idealbild einer Freundin, wie ich sie als Kind und Jugendliche mal hatte.

Der Begriff *clumsy* vereint alles, was ich wirklich als Freundschaft erlebt habe. Deswegen habe ich Clumsy vor vielen Jahre erfunden. Als mir das bewusst wurde, habe ich begriffen, dass nur ICH entscheide, wer meine Clumsy sein darf. Deswegen kann auch eine männliche Person Clumsy sein. Jede von uns sehnt sich doch nach dieser perfekten Freundin, die auch der perfekte Freund sein kann. Auch wenn natürlich niemand perfekt ist, wir alle Ecken und Kanten und Fehler haben. Aber für dich und deine Vorstellungen, für deine Bedürfnisse, ist Clumsy perfekt.

Vielleicht nicht so, wie du es dir immer vorgestellt hast. Vielleicht verdient sie weniger oder mehr Geld als du. Vielleicht ist sie größer, schlanker als du oder auch das komplette Gegenteil von dir. Vielleicht hat sie komische Angewohnheiten. Seltsame Ticks. Vielleicht einen komischen Style.

Aber sie hat ein großes Herz, einen coolen Charakter. Sie hat dieselben Werte wie du. Und sie geht für dich durchs Feuer. Manchmal muss man einfach nur weitergehen, statt verzweifelt zu suchen. Dann findet einen das Glück, die Liebe, die Freundschaft. Also, was immer du suchst – lass los. Sei zuversichtlich, sei geduldig. Es wird zu dir kommen, wenn es so weit ist. Vertrau auf dich, auf das Leben, das Universum, auf Gott. Es wird dafür gesorgt, dass du bekommst, was du brauchst. Du erinnerst dich an den Unterschied zwischen Wollen und Brauchen?

Ich habe inzwischen gelernt loszulassen. Es war und ist ein langer Weg. Er war steinig und ich bin oft gestolpert und gefallen. Aber ich bin immer wieder aufgestanden. Ich bin diesen Weg gegangen und gehe ihn immer weiter. Darüber bin ich froh. Dafür bin ich dankbar. Nenne es Karma, nenne es Schicksal – ich habe jetzt einen guten Mann an meiner Seite. Wir haben keinen Sex miteinander und er steht zu 100 Prozent auf denselben Typ Mann wie ich. Aber Medeni ist für mich ein sehr, sehr guter Freund, ein Wegbegleiter, egal, was ist. Und ich weiß, er wird sehr lange in meinem Leben bleiben. Wer hätte gedacht, dass meine beste Freundin mal mein Friseur sein würde? Dass Clumsy männlich ist? Auf die Idee wäre ich nie gekommen. Und jetzt bin ich einfach nur glücklich darüber. Ja, es hat etwas gedauert, zu verstehen, dass manchmal die Dinge, die du im Außen suchst, IN DIR sind. Deswegen sei dir deine eigene beste Freundin! Und wenn du sie in dir gefunden hast – dann passiert der Rest von alleine. Du musst nicht mehr krampfhaft danach suchen. Das Sehnen und Wünschen ist dann vorbei, und alles *flowt*. Ich weiß, wovon ich spreche, denn ich habe begriffen, ICH selbst bin Clumsy!

WAHRE FREUNDE erkennen deine Traurigkeit in deinen Augen, während andere deinem Lächeln glauben.

9.
TOXIC

Als Tamia und Malik sich ineinander verlieben, ist ein absolutes Traumpaar geboren. Sie sehen aus wie Filmstars. Bald stellt er ihr die Frage aller Fragen und die wunderschöne Hochzeitsfeier gleicht einem Märchen. Aber schon während der luxuriösen Flitterwochen flirtet Malik ungeniert. Was Tamia kränkt. Doch sie schweigt. Wieder zuhause, zeigt Malik plötzlich ein anderes Gesicht. Er verbietet Tamia vieles, kontrolliert und bevormundet sie, macht ihre Freunde schlecht, redet ihr ein, dass nur er sie wirklich versteht und weiß, was sie braucht. Um ihn nicht zu verärgern, zieht Tamia sich immer mehr von ihren Freunden zurück, während Malik fast nur noch ohne sie ausgeht. Als sie einen großen Auftrag angeboten bekommt, rät Malik davon ab und Tamia verzichtet auf die einmalige berufliche Aufstiegschance. Die Phasen, in denen es harmonisch zwischen ihnen ist, werden immer kürzer. Stattdessen kritisiert Malik jetzt ihr Aussehen. Ihren Style findet er zu sexy, ihr Kinn zu flach, die Brüste zu klein. Wenn Malik gestresst ist, macht er Tamia Vorwürfe. Er gibt ihr für alles die Schuld, was gerade schiefläuft. Nach einem Jahr Ehe, die Tamia so unbedingt wollte, ist Malik fast dauernd wütend, beschimpft seine Frau, redet schlecht über sie – selbst wenn sie Gäste haben. Tamia ist unglücklich und vermisst den Mann, den sie geheiratet hat. Sie hat ihr Selbstbewusstsein verloren. Aber Malik verlassen will sie nicht. Zu sehr hofft Tamia, dass alles wieder so romantisch und schön wie am Anfang wird.

Tamias Geschichte ist keine Seltenheit. Leider. Ich war selbst lange in einer Beziehung, in der ich manipuliert und emotional unter Druck gesetzt wurde. Die auf Zuckerbrot und Peitsche basierte. Natürlich war er nicht jeden Tag hässlich zu mir, aber eben immer wieder, immer öfter, immer heftiger. Ehrlich gesagt, ich war abhängig von dem Typen, mit dem ich meine erste richtige Beziehung hatte. Der meine große Liebe war. Denn ich war nicht nur krass verliebt in ihn, ich habe mir vier Jahre lang eingeredet, ihn so sehr zu lieben, dass ich ohne ihn nicht leben kann.

Obwohl er mir Dinge eingeredet hat, mit denen er mein Selbstwertgefühl niedergemacht hat.

Obwohl er mir zwar Liebe gegeben, sie mir aber auch immer wieder entzogen hat.

Obwohl er mich erst richtig krass gefeiert und dann wieder ganz kleingemacht hat.

Obwohl er mich an einem Tag bombardierte mit Textnachrichten und am nächsten Tag nur geschwiegen hat.

Obwohl er an einem Tag der absolute Traummann war und ich am nächsten Tag Angst vor ihm hatte.

Obwohl ALLE mich vor ihm gewarnt hatten.

Obwohl er mich dazu gebracht hat, dass ich mich für meinen Erfolg geschämt habe. Anstatt dass er sich freut und stolz auf mich ist, dass ich zum Beispiel einen Preis verliehen bekomme, hat er mich runtergemacht. Ich wollte nicht mal mehr mit ihm ins Kino.

Aus Angst, erkannt zu werden.

Aus Angst vor der Begeisterung der Fans.

Aus Angst vor Ärger habe ich mich auch nicht mehr so angezogen, wie ich es mochte.

Plötzlich wollte ich nicht mehr auffallen. Dabei gehört Auffallen zu meinem Beruf. Plötzlich waren meine Klamotten zu schön, zu krass, zu sexy … Um jeden Stress mit ihm zu vermeiden, habe ich getan, was er wollte. Bin zuhause geblieben, habe unauffällige Klamotten getragen. Das war alles schleichend und am Ende wurde es richtig bitter.

Wenn ich große Auftritte hatte, auf die ich mich hätte freuen sollen, hatte ich Angst. Angst, dass er mich wieder kleinmacht, dass er mir meine Freude und den Applaus, die Bewunderung nicht gönnt. Angst war zum zentralen Thema unserer Beziehung geworden. Angst statt Liebe.

Ich war nicht mehr ich selbst. Und alles nur, weil ich unsterblich verliebt war. Krass, dass ich glaubte, einen Mann zu lieben, der mir das Gefühl gegeben hat, dass ich meinen Erfolg und meine Auszeichnungen nicht verdient hätte; dass ich mich dafür schämen müsste; dass ich gar nicht wirklich erfolgreich und vor allem nichts Besonderes wäre. Dass mein Talent nur so lange ausreichen, bis jemand Besseres kommen würde. All das hat er mir eingetrichtert. Wie Gift. Und ich habe es geglaubt. Trotzdem war mir seine Meinung wichtig. Die ganze Zeit. Immer. *Fucking sick*, oder?

Einmal habe ich ihm einen unveröffentlichten Song von mir vorgespielt. Ich wollte wissen, wie er ihn findet. Er sagt: »Ey, geil, Schatz.« Und dann hört er eine Kollegin singen und sagt: »Boah, das ist ’ne krasse Stimme.« Das hat mich nicht nur gekränkt, es hat mich extrem verunsichert.

Trotz all dieser Geschichten (und es waren VIELE!) hatte ich immer wieder die Hoffnung, dass es wieder so werden würde wie am Anfang – als er mir das Gefühl gegeben hat, die schönste und talentierteste Frau der Welt zu sein. Dieser Mann hat sehr lange Pingpong mit meinen Gefühlen gespielt. Aber auch das ist eben die Wahrheit, ich habe es sehr lange zugelassen. Viel zu lange. Die totale Achterbahn der Gefühle. Weil ich so unsterblich verliebt war, steckte ich fest in dieser toxischen Beziehung.

Toxisch ist ja kein wissenschaftlicher Begriff, aber es gibt trotzdem Merkmale, an denen du erkennst, ob du oder jemand aus deinem näheren Umfeld in einer toxischen Beziehung steckt. Als Erstes musst du verstehen und erkennen, es geht in toxischen Beziehungen immer um Macht und Kontrolle. Deswegen unterdrückt der eine den anderen. Das ist psychische Gewalt, emotionaler Missbrauch. Manipulation. Jedes für sich alleine ist schon grausam. Vor allem, weil man ja am Anfang so krass verliebt ist und mit Zuneigung und Aufmerksamkeit überschüttet wird. Weil man so bedürftig ist, so unsicher, sich so sehr genau danach sehnt – Aufmerksamkeit, Anerkennung, Zuneigung. Das ist der Köder.

Ob ihr es glaubt oder nicht, aber zu der Zeit war ich – trotz meines Erfolgs – unsicher. Das hat mir natürlich niemand angesehen, weil ich immer laut war und selbstbewusst rüberkam. Damals war das nur die Rolle, die ich gespielt habe, damit niemand meine Unsicherheit sehen konnte. Mein ganzes Leben lang war ich wegen meines Aussehens, vor allem wegen meiner Nase, gehänselt worden. Aber für ihn war ich die Göttin. Er hat mir gegeben, wonach ich mich gesehnt hatte. Deswegen habe ich sein schreckliches Verhalten mir gegenüber ertragen, später dann versucht zu ignorieren. Weil ich eben auch dachte, so muss es sein. Das ist Liebe.

Inzwischen weiß ich: Wenn er dich nicht mehr respektvoll behandelt, gehst du besser. Verlass ihn so schnell wie möglich. Du kannst jemandem eine zweite Chance geben, aber keine zehn Chancen. Dann verlierst du den Respekt. Vor ihm – und vor dir selbst. Alle hatten mich ja vor ihm gewarnt, sogar der Postbote. Weil alle gemerkt haben, wie ich mich verändert habe. Wie ich zu jemandem wurde, der nicht in Ordnung ist. Der sich nicht mehr richtig verhält. Aber natürlich hörst du auf NIEMANDEN, wenn du so unsterblich verliebt bist. Und das war ich. Absolut und unsterblich verliebt.

Warum er mich so schlecht behandelt hat, weiß ich bis heute nicht. Vielleicht habe ich ihm Angst gemacht mit meinem Erfolg? Denn trotz allem wurde ich während dieser Beziehung immer erfolgreicher. Vielleicht wollte er einfach nicht, dass ich wachse, mich entwickle und wir dann nicht mehr auf Augenhöhe sind? Das waren wir aber sowieso von Anfang an nicht. Nein, ich glaube, er hat einfach nie gelernt, was wahre Liebe wirklich bedeutet. Dass sie nichts mit Gewalt, mit Kränkungen und Verletzungen zu tun hat. Vermutlich hat er in seiner Kindheit Traumata erlebt, die ihn so geprägt haben, dass er gar nicht verstanden hat, dass Respekt und gegenseitige Stärkung die Basis einer gesunden Beziehung sind, nicht Manipulation, Macht und Dominanz.

Die Wahrheit ist, es interessiert mich nicht mehr. Weil er mich nicht mehr interessiert. Mich interessiert meine eigene Entwicklung. Und deswegen habe ich natürlich über all diese Erfahrungen nachgedacht, meine Schlüsse daraus gezogen und gelernt.

Es heißt ja, Umgang prägt den Menschen. Und das stimmt. So war es bei mir auch. *Guess what.* Als ich mich endlich von ihm getrennt hatte, weil ich begriffen hatte, dass diese Beziehung toxisch, also absolut ungesund und auch nicht zu retten war, habe ich mich selbst für eine gewisse Zeit toxisch verhalten. Denn sein Verhalten hatte auf mich abgefärbt. So wie er mich schlecht behandelt hat, so habe ich eine Zeitlang mich selbst behandelt. Ohne zu merken, dass ich mich unnormal verhalte. Ich wusste es damals einfach nicht besser. Diese Phase nenne ich augenzwinkernd meine Toxisch-*light*-Phase. Sie hat zum Glück nicht lange angehalten. Denn mir wurde schnell klar, dass ich so ein negativer Mensch auf gar keinen Fall sein will.

Um dich zu beruhigen: NIEMAND wird als toxischer Mensch geboren. Als Kind wirst du aber geprägt von deiner Familie. Ohne sie zu verstehen, saugst du alle möglichen Verhaltensmuster auf.

Von deinen Eltern oder Verwandten oder Geschwistern oder Menschen, die du bewunderst, weil sie ja deine Vorbilder sind. Und wenn du dann lernst, dass toxisches Verhalten normal ist, dann glaubst du eben auch, dass Liebe bedeutet, jemanden zu manipulieren, unter Druck zu setzen, kleinzumachen, ihm Zuneigung zu schenken und dann wieder zu entziehen. Und natürlich wirst du dir dann genau solche Menschen suchen, die du psychisch dominieren kannst. Weil du glaubst, dass es so sein muss. Aber das muss und das darf es nicht. Meine Mutter, die ich vergöttere, war keine schlechte und schon gar keine toxische Mutter.

Meine große Liebe, der ich mein Herz geschenkt habe, hatte vielleicht eine toxische Kindheit. Vielleicht hat es ihn deswegen auch nicht interessiert, wie unglücklich mich sein Verhalten gemacht hat. Er hat damals nicht verstanden, was er mir angetan hat. Mit »damals« meine ich zum Beispiel den Abend, als ich mit einem Preis ausgezeichnet wurde, der mir sehr viel bedeutet hat. Auf der Bühne habe ich dann aber nicht meiner Mutter, meinen Kollegen, Gott oder mir selbst gedankt. Nein. Ich habe ihm gedankt. Ausgerechnet den Typen, der mich so oft kleinmachte, habe ich erwähnt – die anderen nicht. Das war der Anfang vom Ende unserer Beziehung. Das wurde mir klar, als ich etwas später das Video von diesem Abend gesehen und gemerkt habe, wie falsch das war. Dieses Video war mein *wake-up call*. Der zweite Weckruf in meinem Leben, der mich gerettet hat. Denn ich sah mich da auf der Bühne stehen und dummes Zeug reden und habe mich gefragt: *Was ist los mit dir, Senna?*

Genau die Frage habe ich mir übrigens das erste Mal als 15-Jährige gestellt. Damals hatte ich eine Clique. Wir haben fast jeden Tag gekifft. Aus Spaß, weil es mich wirklich in eine andere Welt gebracht und Essen so krass geschmeckt hat. Ich war richtig süchtig nach diesem intensiven Geschmack. Wenn ich mich im Spiegel angeschaut habe, war ich zu benommen, um zu erkennen, was meine Mutter gesehen hat: Meine Haut war nicht mehr gut, meine Zähne waren gelb, meine Haare brüchig. Na klar, wenn du so viel ungesundes Zeug, so viel Zucker in dich reinstopfst, dann sieht man dir das irgendwann eben an. Eines Tages, weil wir in unserem Wahn dachten, wir sind die absoluten Rockstars, haben wir uns beim Singen gefilmt. Die Aufnahme wollten wir zu VIVA schicken (das war damals ja DER Musiksender). Am nächsten Tag, als wir wieder *clean* im Kopf waren, haben alle gelacht. Nur ich habe mir dieses Video genau angesehen. Habe mich beobachtet, wie ich mich verhalte, wie ich aussehe. Schwester, glaub mir, das war ein *fucking* harter Schock. Denn da sang und tanzte eine wildfremde, ungepflegte, ziemlich unsympathische Person. Es war mir nicht nur unangenehm, mich so zu sehen. Es hat mir wirklich Angst gemacht. *Wake-up call.* Ab dem Moment habe ich nie wieder Drogen angefasst. Kein Kiffen, kein Alkohol, kein Rauschmittel. Nichts. Manchmal braucht es so eine krasse Konfrontation. Um zu begreifen und zu verstehen, um endlich etwas zu verändern.

Während meiner toxischen Beziehungen waren es nicht meine Freunde oder meine Familie oder Menschen, die mich mochten, die mir klarmachen konnten, dass ich mich zum Negativen verändert hatte. Nicht mal meine Mama konnte mich erreichen. Obwohl ich ihr absolut vertraue. Wenn du deiner Mutter vertraust und sie sagt: »Du hast dich verändert, das bist nicht mehr du«, solltest du auf sie hören. Unbedingt! Was ich aber nicht getan habe. Ich musste erst selbst sehen, was los ist. Genau wie damals als Teenager.

ERST als ich das Video von mir bei der Preisverleihung sah, konnte ich wirklich erkennen und begreifen – und handeln. Erst ab diesem Zeitpunkt konnte ich etwas verändern, den Mut und die Kraft finden, mich aus meiner toxischen Beziehung zu befreien. Das Gute an dieser harten Erfahrung ist: Wenn mir heute jemand ein Glas reines, klares, kühles Quellwasser gegen meinen Durst anbieten würde, würde ich es genussvoll trinken. Damals hatte ich die Wahl zwischen diesem Glas mit reinem, klarem Quellwasser und einem Glas Gift. Dass es Gift war, konnte ich nicht erkennen. Doch als ich es gemerkt habe, habe ich es trotzdem getrunken.

Warum, fragst du, warum ich so dumm war? Weil ich geglaubt habe, es zu wollen UND zu brauchen. Weil ich mich gut dabei gefühlt habe. Und genau das ist es, was toxische Menschen schaffen: Sie bringen dich dazu, zu glauben, dass vergiftetes Verhalten guttut. Mehr noch. Du glaubst irgendwann, dass du es brauchst. Dass du es verdient hast. Du gehst also als klares Quellwasser in eine Beziehung oder Freundschaft und *peu à peu*, Schritt für Schritt, schleichend, wirst du, wird deine Seele vergiftet, sie wird immer schlechter, immer dunkler. Und obwohl es dich mit jedem Tag mehr vergiftet, bleibst du. Wenn du es dann schaffst, dich aus dieser schrecklichen Beziehung zu retten, wenn du endlich aus diesem Gefängnis ausbrichst, sei stolz auf dich. Und bitte sei dir bewusst, dass du jetzt für eine gewisse Weile toxisch bist. Dass du Zeit brauchst, um all das Gift aus dir und deiner Seele wieder herauszuspülen. Das gilt übrigens auch für toxische Freundschaften. *That's the fact.* Langfristig färbt jedes negative Verhalten auf dich ab. Deswegen gehst du am Anfang auch wieder nur toxische Beziehungen ein – zu Frauen, zu Männern, egal. Weil du glaubst, dieses Pingpongspiel mit den Gefühlen anderer sei Ausdruck von Zuneigung. Bullshit! Es ist schlicht ungesund.

Ich will nichts mehr mit toxischen Menschen zu tun haben. Deswegen existieren aus der Zeit auch keine Freundschaften mehr, nicht mal Bekanntschaften.

Fragst du dich, wie es toxischen Menschen gelingt, dass man auf sie hereinfällt? Die Antwort ist einfach: Diese Menschen erschaffen ein Bild, eine sensationelle, wunderbare Anfangsgeschichte. *That's Hollywood!* Und dann, bevor du Luft holen kannst, kommt es zu irgendeiner dramatischen Wendung. Es passiert irgendwas richtig Übles. Was überhaupt nicht deine Schuld ist. Du WEISST, es ist nicht deine Schuld. Aber die Person sorgt dafür, dass du es glaubst. Sie redet dir ein, dass es an DIR liegt. Dreht es so, dass du an dir selbst zu zweifeln beginnst. Bis du schließlich davon überzeugt bist, wirklich schuld zu sein. Weil aber diese unfassbar schöne, romantische Anfangsphase noch ganz nah ist und dieses Drama so überraschend passiert, kannst du das Chaos, das ab jetzt dein Leben sein wird, noch gar nicht erkennen. Du kannst dich nicht dagegen wehren, denn du bist einfach nur verwirrt und verunsichert.

Also fängst du an, Erklärungen zu finden, Chancen zu geben. Da sitzt du schon längst in der Falle. Denn er fängt systematisch an, dich zu manipulieren.

Das ist das Spiel – Manipulation. Immer mehr, immer stärker, immer schlimmer. Um Macht über dich zu haben. Ja, dein Traummann plant diese Manipulationen, weil er das Spiel beherrscht und ein guter *player* ist. Obwohl es nichts weiter als psychische und damit emotionale Erpressung ist. Tut er es aus purer Boshaftigkeit? Nein. Es ist möglich, dass er dieses Verhalten schon früh gelernt hat. Von seinem Vater oder seiner Mutter oder seinem älteren Bruder oder einem Onkel. Was aber nicht heißt, dass er nichts dafür kann. Er ist erwachsen und damit verantwortlich für das, was er dir antut. Denn sobald du merkst, dass ein Mensch deinetwegen leidet, muss die Antwort Liebe sein. Von einem toxischen Menschen bekommst du allerdings keine Liebe, sondern nur noch den nächsten vergifteten Cocktail. Und weil du emotional gefangen bist in dieser Beziehung, hältst du sein Verhalten immer noch für Liebe. Obwohl tief in dir drin eine Stimme sagt:

Das ist krank. Das ist falsch. Ich will das so nicht. Richtig. Es ist krank, es ist absolut falsch. Ein toxischer Mensch WILL, dass du abhängig von ihm wirst. Er sieht vielleicht, dass du leidest, dich quälst und weinst, aber es interessiert ihn nicht.

Ich habe viele Jahre immer wieder toxische Freundeskreise gehabt. In toxischen Beziehungen gelebt. So lange, bis ich endlich den Schlüssel gefunden habe, um das zerstörerische Karussell zu stoppen und auszusteigen. Ihr Lieben, ich möchte nicht, dass auch nur einer von euch das widerfährt, was ich durchmachen musste. Ich möchte, dass ihr immun gegen toxische Menschen werdet. Deswegen gebe ich euch den wichtigsten Rat, den ich euch geben kann, den ich selbst befolgt habe. Der zum Erfolg geführt hat. ISOLATION! Zieh dich eine Zeitlang zurück. Bleib alleine mit dir und deinen Sehnsüchten und Wünschen und finde heraus, was du wirklich brauchst – nicht, was du glaubst zu wollen! Ich schwöre, eine Weile nur mit sich zu sein, verhilft dir zu innerer Stärke und Selbstsicherheit. Sobald du weißt, wer du bist und was du kannst, brauchst du niemanden mehr, der Drama kreiert, der dich schlecht behandelt, der dich aussaugt.

Denn das ist es, warum toxische Menschen toxisch sind. Sie brauchen ein glückliches, strahlendes Gegenüber, das sie wie Vampire aussaugen können. Sie müssen es kleinmachen und kleinhalten, um sich selbst besser zu fühlen. Dabei sollte eine Beziehung, egal, ob Partnerschaft, Freundschaft oder innerhalb der Familie, guttun, dich unterstützen und wachsen lassen. Wenn du dich fragst, was das Geheimnis meiner gesunden Beziehung zu mir selbst und zu anderen Menschen ist: Es ist die Erkenntnis, dass der Schlüssel für die Veränderung NIE in den Händen meines Gegenübers liegt, sondern in meinen eigenen. Verstehst du? Es fängt alles bei DIR an und es hört alles bei DIR auf. Nur DU entscheidest, was sich wie verändern darf.

Wenn du dich fragst, warum einige von uns auf toxische Menschen hereinfallen, dann ist die Antwort: weil toxische Menschen Charisma haben. Eine ganz besondere Ausstrahlung. Dieser Anziehungskraft kannst du nur dann widerstehen, wenn du selbstbewusst bist und erkennst, dass dieser Mensch dir nichts Gutes will – sondern dich nur braucht, um sich selbst besser zu fühlen. Denn toxische Menschen leiden seit früher Kindheit oft unter negativen Einflüssen wie mangelnder Liebe, häuslicher Gewalt, psychischem oder physischem Missbrauch. Das sind starke Traumata, die zu starken Minderwertigkeitsgefühlen und daher zu einem starken Bedürfnis nach Aufmerksamkeit und Anerkennung führen. Ein Teufelskreis, den man sich als toxischer Mensch bewusst machen muss, um ihn überhaupt durchbrechen zu können.

Kann man, wenn man mit einem toxischen Menschen zusammen war und selbst toxisch geworden ist, detoxen? Sich von all dem Bullshit wieder befreien? Ich sage JA. Ohne Wenn und Aber – man kann. Es kostet Zeit und Arbeit (und Tränen) – aber man kann sich entgiften. Wenn du es schon in deiner Kindheit und Jugend gelernt hast, weil es dir vorgelebt wurde, dann ist es schwieriger, toxisches Verhalten loszuwerden. Dann brauchst du möglicherweise sogar professionelle Hilfe. In jedem Fall dauert Detoxen länger als nur ein paar Tage oder Wochen. Zeit brauchst du natürlich auch, wenn du dieses toxische Verhalten in einer Beziehung oder einer Freundschaft erlernt hast.

Als Erstes musst du verstehen und akzeptieren, dass du jetzt selbst (vorübergehend) toxische Eigenschaften hast. Deine verdammte Verantwortung ist es, dass du andere Menschen nicht mit deiner Scheiße ansteckst! Um deine toxische Verhaltensweise wieder loszuwerden, brauchst du ZEIT – nur mit dir und für dich. Denn andere Menschen mit ihren Meinungen und Stimmen lenken dich ab, während du versuchst, deine eigene innere Stimme zu hören. Isolier dich daher eine Zeitlang, um herauszufinden, welcher Mensch du sein möchtest. Wie du mit anderen umgehen möchtest. Mit welchen Menschen du in Zukunft zusammen sein möchtest. Wenn du dir Zeit mit dir selbst schenkst, kannst du zu deiner besten Version werden. ZEIT ist das Wichtigste, um sich zu verändern. Um das Gift zu verlieren. Um wieder frei und gesund zu werden.

Toxische Menschen sind Meister darin, dich so lange zu manipulieren, bis du anfängst, an dir zu zweifeln. Sie sind Meister darin, deine Schwächen für sich auszunutzen, statt deine Stärken zu fördern. Sie sind wie Sonnenstrahlen: Sie fühlen sich anfangs warm an, am Ende aber verbrennen sie dich. Toxische Menschen sind Parasiten: Sie ernähren sich von deiner guten Energie, bis von dir nichts mehr übrig ist. Wenn du mit toxischen Menschen zusammen bist, verschwindet alles, was mal gut an dir war. Wenn du gelernt hast, dich und deine Beziehung von außen zu betrachten, wirst du nur mit dem Kopf schütteln und dann alles tun, um dich zu retten. Ich habe mich von außen gesehen – und ich habe mich gerettet. Und wenn ich es geschafft habe, Schwester, dann schaffst es auch du! Du musst es hart wollen, hart daran arbeiten – dann wird das Gift aus dir und deinem Leben wieder verschwinden. Zieh dich zurück, reflektiere und verzeih dir alles, was du getan hast. *You will get the price!*

Die bittere WAHRHEIT ist, dass das süße Gift dich töten wird.

Miss Gammour

10.
VOM ENDE DER TÄUSCHUNG

Hast du schon mal über die Bedeutung des Wortes Enttäuschung nachgedacht? Ich meine, wie oft sind wir von etwas oder jemandem enttäuscht? Weil er nicht ist, wie wir dachten, dass er ist, zum Beispiel. Und dann sind wir traurig. Aber warum eigentlich? Für mich ist Enttäuschung etwas Positives. Ehrlich. Ich finde es großartig. Denn Ent-Täuschung bedeutet nichts weiter als das Ende der Täuschung. Das heißt, du siehst endlich (wieder) klar. Was du siehst, ist die Realität – kein Wunschbild, nicht das von dir kreierte Bild. (Das ist erleichternd, wenn du erst mal die Traurigkeit überwunden hast.) Manchmal ist die Enttäuschung so groß, dass sie das Ende einer langjährigen Freundschaft bedeuten kann.

Im Fall einer Bekannten, die zur Freundin wurde, war die Enttäuschung eine vollkommen andere. Wertvoll und dabei bittersüß und gleichzeitig auf andere Art unfassbar traurig. Denn wie absolut unerträglich ist es, wenn eine Person aus deinem Freundes- oder Bekanntenkreis stirbt, die noch viel zu jung dafür ist? Einige von euch kennen das vielleicht. Jemand, der so alt ist wie man selbst, vielleicht jünger, vielleicht nur wenig älter, ist plötzlich nicht mehr da. Weil dieser Mensch gestorben ist. Und du fragst dich fassungslos, wie kann das sein? So war das mit Rafaela. Ein wirklich ganz tolles, bildschönes Mädchen. Mitte 20, Influencerin, hat mit ihrer Katze und ihrer besten Freundin zusammengelebt. Manchmal haben Rafaela und ich zusammen abgehangen, Pancakes gegessen oder sind abends weg, haben den *red carpet* gerockt, solche Sachen. Kein *deep talk*, aber wir mochten uns. Rafaela sah toll aus, war lustig, und was sofort auffiel, waren ihre wunderschönen, unglaublich gepflegten Zähne. Sie ging regelmäßig zur Vorsorge und irgendwann brauchte sie eine Behandlung und bekam deswegen eine Betäubung vom Zahnarzt. Ab dem Tag war alles anders. Plötzlich konnte sie ihre Hand nicht mehr richtig benutzen. Niemand hat mit was Schlimmem gerechnet. Vielleicht ein eingeklemmter Nerv oder eine Entzündung – haben wir alle gedacht. Aber kurz darauf konnte sie den ganzen Arm nicht mehr bewegen. Dann, auf der Hochzeit einer Freundin, habe ich Rafaela wiedergesehen. Da hat sie seltsam gesprochen, gelallt, als wäre sie besoffen. Ich habe noch gesagt: »Du musst mal aufhören zu trinken.« Da hat sie sich totgelacht und gesagt, sie habe überhaupt nichts getrunken.

Mit diesen ganzen seltsamen Symptomen ist sie schließlich ins Krankenhaus gefahren. Ja, und dann hat Rafaela von den Ärzten ihr Todesurteil mitgeteilt bekommen: Amyotrophe Lateralsklerose. Also ALS. Diese furchtbare, unheilbare Krankheit des Nervensystems, bei der die Muskeln verkümmern und man schließlich brutal erstickt. Die Ärzte haben Rafaela gesagt, bei ihr hätte die ALS einen extrem schnellen Verlauf. *Fucking worst case!* Unfassbar. Rafaela war jung, kerngesund, stand mitten im Leben. Und dann geht sie zum Zahnarzt, bekommt eine Spritze – und das war's dann? Ja. Das war's mit dem unbeschwerten Partyleben in Berlin. Rafaela musste zurück nach Bayern, in ihre Heimat. OHNE dass ihre angeblich beste Freundin und Mitbewohnerin sich um sie gekümmert hat. Ich kann mich noch genau erinnern, was die zu mir sagte, kurz bevor Rafaela in die Charité musste: »Die hat nichts. Die braucht bloß Aufmerksamkeit.« Wow. Wenn deine beste Freundin so was über dich sagt, dann brauchst du wirklich keine Feinde!

Guess what. Diese angeblich beste Freundin hat sich nie wieder bei Rafaela gemeldet.

Sobald ich von Rafaelas Diagnose erfahren habe, habe ich meinen Hausarzt konsultiert und ihm alle Unterlagen von Rafaela gegeben. Ich hatte so gehofft, dass er etwas anderes sagen, ihr Hoffnung machen, sie beruhigen würde. Aber das konnte er alles nicht. Darauf verschwand Rafaela aus dem Berliner Partyleben und der Influencer-Szene und lebte wieder bei ihren Eltern. Ein Jahr lang hatten Rafaela und ich keinen Kontakt. In Erinnerung hatte ich sie mit der seltsamen Armproblematik und dem etwas schiefen Mund, ihrer verwaschenen Aussprache.

Irgendwann habe ich zufällig im Fernsehen einen Bericht über die neueste ALS-Forschung gesehen. Den habe ich aufgenommen und Rafaela geschickt. Sie hat mir zurückgeschrieben, sich bedankt, und ich habe sie gefragt, wie es ihr geht. Da bekomme ich von ihr ein Video, wie sie im Bett liegt. Sie konnte sich schon nicht mehr bewegen, nicht mehr sprechen, sich nur durch ihre Augen verständigen, per Computer. Könnt ihr euch das vorstellen? Ich war darauf null vorbereitet. Der Schock war riesig. Ich meine, ich kannte sie ja nur strahlend, gesund. Man muss sich das vorstellen: Bei ALS bist du in deinem eigenen Körper gefangen, kannst ihn nicht mehr benutzen, während dein Gehirn ganz normal weiterarbeitet. Das ist so unvorstellbar brutal.

Erst konnte ich überhaupt nicht reagieren. Weil ich nicht wusste, wie ich damit umgehen sollte. Aber was für ein Mensch wäre ich, wenn ich ihr in dieser Situation den Rücken gekehrt hätte? Natürlich habe ich ihr geschrieben, *lass uns in Kontakt bleiben.* Und das blieben wir. Rafaela war in die Wohnung ihrer verstorbenen Großmutter gezogen, wo sich Pflegepersonal um sie kümmerte. Eine ihrer Pflegerinnen habe ich kennengelernt. Durch sie habe ich mehr und mehr über Rafaela erfahren. Viel mehr als früher, als sie noch gesund war und wir Zeit miteinander verbracht haben. Einmal die Woche habe ich angerufen. Jedes Mal habe ich gefragt, ob sie irgendwas braucht, ob ich was für sie tun kann. Wir wissen ja, dass es so viele Sachen gibt, die helfen könnten, wenn du krank bist, die aber nicht bezahlt werden. Rafaela hat immer gesagt, sie braucht nichts.

Aber irgendwann hat sie über ein neues Medikament aus Amerika gesprochen, das helfen sollte, den Körper zu entgiften. Das hat ihr Hoffnung gemacht. Dieses Medikament wollte sie so gerne haben. Was die Krankenkasse nicht übernehmen wollte. Für mich war sofort klar, dass wir eine Spendenaktion starten. Damit es schnell und unkompliziert ging, habe ich die Aktion mit Unterstützung der Hilfsorganisation meiner Schwester (Kindertränen e.V.) ins Leben gerufen. Viele Influencer haben die Story geteilt, das Fernsehen hat darüber berichtet. Es wurde richtig, richtig groß. (Und seitdem weiß ich, warum es 2014 diese Onlineaktion der Ice Bucket Challenge überhaupt gab. Um auf ALS aufmerksam zu machen.) Am Ende war es so viel mehr Geld, als ich gehofft hatte. Rafaela hat sich so unendlich gefreut und war so dankbar. Mit Hilfe der Spenden konnte sie sich ganz auf ihre Entgiftung mit diesem Medikament aus Amerika konzentrieren. Sie war glücklich. Ja, und ich war es auch. Jemandem helfen zu können, ist eines der schönsten Gefühle überhaupt. Es macht mich dankbar und demütig, wenn ich meinen kleinen Beitrag leisten kann, um Leid zu lindern.

Ausgerechnet mein (inzwischen ehemaliger) Freundeskreis hat wegen dieser Aktion Lügen über mich verbreitet. Jemand, der früher selbst für Kindertränen e.V. gespendet hatte, behauptete plötzlich, die Organisation wäre nicht transparent. Und das klang so, als würden meine Schwester und ich Geld unterschlagen! Warum er diesen Bullshit erzählt hat? Keine Ahnung. Ich vermute, weil er selbst im Kreuzfeuer der Kritik stand. Er hat den Spendenaufruf nicht auf seinem Account geteilt. Vermutlich, weil die Aktion von mir war. Keine Ahnung. Rafaela liegt im Sterben, und ihm fällt nichts Besseres ein, als öffentlich diese Lüge zu verbreiten, der Verein wäre nicht transparent. Ich meine, drei Jahre vorher hatten wir in seinem Laden eine Tombola gestartet, und der Erlös ging komplett an Kindertränen e.V. Er WUSSTE, dass alles transparent ist. Aber gut, Neid ist ja bekanntlich die höchste Form der Anerkennung und Neid muss man sich hart erarbeiten. Heißt es. Ich ignoriere solche *motherfucker*.

Was besonders leichtfällt, wenn die Geschichte ihr Wunder bekommt. Und das hat sie! Rafaela mir ein Video geschickt. Darauf konnte man sehen, wie sie ihr Bein bewegte! Bei Gott, sie konnte ihr Bein bewegen! Eigentlich unmöglich bei ALS? Das Medikament aus Amerika? Ein Wunder? Oder einfach ihr purer Wille? Egal. Ich habe mich einfach für sie gefreut. Deswegen kam mir auch die Idee, mit ihr für ein paar Tage an die Ostsee zu fahren. Sie hat sich darüber gefreut und ich wollte mich um alles kümmern. Noch heute bin ich sicher, wir hätten das gepackt. Wir hätten den Pflegedienst organisiert, einen Arzt mitgenommen. Aber es war zur Coronazeit, deswegen mussten wir warten. Schließlich wollte ich Rafaela keiner Gefahr aussetzen. Was mir damals nicht klar war: Wie wenig Zeit jemand hat, der unter ALS in diesem Stadium leidet.

In den Monaten, in denen ich sie besser als zu unserer gemeinsamen Berlin-Zeit kennenlernte, war ich immer besorgt um sie. Auch weil ihr Pflegepersonal immer gewechselt hat. Ich meine, es waren fremde Menschen, die 24/7 um sie herum waren, und sie konnte ja nur sehr mühsam per Computer sagen, was sie brauchte. Es war mein wöchentlicher Anruftag, ich hatte ein komisches Gefühl, war unruhig. Das wurde noch schlimmer, als niemand meinen Anruf entgegengenommen hat. Dabei hat Rafaela normalerweise immer sofort reagiert. Es war eine Vollmondnacht und ich konnte nicht schlafen. Ich lag wach, habe an Rafaela gedacht. Aber es war zu spät, sie anzurufen.

Am nächsten Tag habe ich sie wieder nicht erreicht und deswegen ihren Vater angerufen. Er hat mir gesagt, dass Rafaela in der zuvor Nacht gestorben ist. Sie hatte einfach aufgehört zu atmen. Da waren für einen Augenblick nur Stille und Leere in meinem Kopf. Für diesen Moment gibt es einfach keine Worte. Rafaelas letzte Lebensjahre waren grausam, sie hat sich so gequält. Aber ich bin sicher, dass sie jetzt glücklich ist. Gott möge ihr den höchsten Platz im Paradies schenken.

Es ist so schwierig, damit umzugehen, wenn jemand eine schlimme Krankheit bekommt. Krebs. Aids. MS. ALS. Aber sich aus Angst abzuwenden, ist falsch. Du musst nicht immer *deep* befreundet sein, um jemandem was Gutes zu tun. Versuch einfach dein Bestes. Denn du kannst genauso in diese Situation kommen. Ich verstehe deine Angst vor Krankheit und dem Tod. Aber irgendwann wirst du dich sowieso damit auseinandersetzen müssen. Wir alle werden sterben. Wir alle werden Menschen begraben müssen, die uns nahestehen. Deswegen finde ich es so wichtig, mutig zu sein, über seinen Schatten zu springen und Mitgefühl zu zeigen. Dem anderen zu sagen: »Es überfordert mich, aber ich bin trotzdem für dich da.«

Ja, ich hatte größte Angst. Ich meine, Rafaela und ich hatten so viel Spaß, wir haben so oft zusammen getanzt. Auch wenn ich nicht ihre beste Freundin war, sondern nur ein Kapitel in ihrem Leben, bin ich froh, dass ich eine ihrer Hoffnungen erfüllen konnte. Als Rafaela dann gestorben ist, war das einfach nur furchtbar. Mir wurde bewusst, wie schnell das Leben plötzlich vorbei sein kann. Wie schnell sich alles drehen kann. Wie grausam das Ende manchmal sein kann.

Doch ich bin dankbar für die vielen schönen Erinnerungen an sie. Manchmal schaue ich mir die Videos von ihr an und denke mit einem Lächeln an sie. Weil Rafaela ein wirklich liebes, tolles

Mädchen war. Und weil mir ihr Schicksal klargemacht hat, dass manchmal ein Fremder gar kein Fremder ist. Und dass eine Enttäuschung manchmal etwas Schönes sein kann. In meiner Erinnerung sehe ich sie immer noch lachen und tanzen. Und das tröstet mich.

Rest in peace, Rafaela.

Die WAHRHEIT kommt immer ans Licht und mit ihr die Freiheit.

11.
ABSCHIED NEHMEN

Wie oft hast du schon geweint und getrauert, weil du Abschied nehmen musstest? Weil der Schmerz über den Verlust eines Menschen dich hart getroffen hat? Weil du dein geliebtes Haustier beerdigen musstest? Wir lernen, dass Abschiednehmen wehtut. Weil unsere Großeltern sterben, eine Tante, ein Nachbar, ein guter Freund, unser Hund oder unsere Katze. Doch Abschiednehmen kann auch befreiend sein. Weil es bedeutet, dass du etwas loslässt, was nicht mehr zu dir und deinem Leben passt. Denn das ist es, was das Leben auch von uns fordert: Abschied zu nehmen von Menschen, die uns viel bedeuten haben, die wir geliebt haben – und die uns jetzt nicht mehr guttun. Von Menschen, die mal unsere Freunde waren und zu Fremden oder vielleicht sogar zu Feinden geworden sind.

Der Abschied von meinem Vater war schrecklich, weil ich selbst noch ein Kind war.

Der Abschied von Jamani war schrecklich, weil er so unerwartet kam.

Der Abschied von Rafaela war schrecklich, weil sie so jung war, weil sie leben wollte.

Dagegen war der Abschied von den Menschen, die mich belogen und betrogen haben, eine Erleichterung. Am Ende genauso wie mein Abschied von den Menschen, die ich am meisten geliebt habe, die mich aber tief enttäuscht oder gekränkt haben. Denn leider sind es oft diejenigen, die du am meisten liebst, die dir am nächsten stehen, die dich verletzen. Das habe ich mehr als einmal erlebt. Warum ich trotzdem sagen kann, alles wird gut? Weil ich mich verabschiede.

Ganz ehrlich? Ich habe mich nicht nur von den Menschen verabschiedet, die mir wehgetan, die mich enttäuscht und verletzt und gekränkt haben. Mehr noch. Ich habe mich auch von der Wut und dem Hass auf sie verabschiedet. Von meinen Ängsten und Verlusten. Und vor allem habe ich mich von schlechten Gedanken und schlechten Angewohnheiten verabschiedet.

Oh, *yes*, ich hatte so viele schlechte Gedanken! Besonders, wenn man mich verletzt und gekränkt hat. Ich gehöre einfach nicht zu der Kategorie *Ich wünsch dir alles Gute für deine Zukunft ohne mich*. Nein. Ich bin die Sorte, die tobt, *hör auf zu atmen, Alter.* Auch wenn ich NIE so etwas tun würde, habe ich natürlich gedacht, *Ich kack dir auf deine Scheißautohaube und zersteche deine Reifen*. Dieser Typ Mensch bin ich. Ehrlich? Ich hoffe, dass es ihm nach der Trennung von mir schlecht geht. Und wenn das so ist, dann freue ich mich. Und nein, es gefällt mir gar nicht, wenn meine Nachfolgerin wie ein Model aussieht und er auf einmal erfolgreich ist und megaviel Kohle verdient. Du kennst diese Rachegefühle? So war ich früher. So destruktiv habe ich noch bis vor ein paar Jahren gedacht. Mit krassen Rachegedanken und der Hoffnung, dass meine bösen Wünsche in Erfüllung gehen.

Inzwischen habe ich mich von diesem negativen Denken verabschiedet. Ja. Ich habe beschlossen, ich möchte das nicht mehr. Und nein, ich werde mein Naturell nicht ganz ändern. Nicht ändern können. Ehrlich gesagt, ich will es auch nicht ändern. Ich bin nun mal extrovertiert und temperamentvoll. Deswegen muss ich aber nicht leiden oder mich zu etwas Schlechtem machen. Ich verrate dir das Geheimnis, wie du leichter mit Kränkungen und Verletzungen umgehst. Es ist ganz simpel. Du glaubst es nicht? Vertrau mir – ich habe es ausprobiert und es funktioniert. Alles, was du tun musst, ist zu ignorieren. Ja, genau. Einfach ignorieren. Ausblenden. Nicht mehr hingucken. Kein Scheiß, ich gucke nicht mehr hin. Ich gebe diesen ganzen schlechten Gedanken keinen Raum mehr, keine Plattform. Denn wenn du dich nicht von schlechten Gedanken verabschiedest, dann ziehst du sie immer mehr an – und dann halten sie dich so hart auf! Verstehst du? Deine eigenen Gedanken wenden sich am Ende GEGEN DICH. Sie tun nichts Gutes für dich! Im Gegenteil. Sie machen dich traurig und schwach.

Als ich das verstanden hatte, habe ich meine Strategie geändert, mit negativen Dingen umzugehen. Als Erstes folge ich der Person nicht mehr auf Social Media. Schmeiße sie aus meinen Kontakten, dann brauche ich ihren Onlinestatus auf WhatsApp nämlich nicht mehr zu checken. Also, lösche deinen *Fake-Account*. Ich sage dir, du musst alles ausblenden, was deinem Gehirn negatives Futter gibt. Schlechte Gedanken sind wie Kraftfutter für Tiere – damit wachsen sie schneller und werden stärker. Genauso sind schlechte Gedanken – sie verstärken alle deine Gefühle, aber in eine negative Richtung. Damit ist dann das Ergebnis eine Katastrophe – der totale *brainfuck*. Ich hatte diesen Scheiß lange genug. Mir reicht's! Ich brauche nicht noch mehr schlaflose Nächte, will keine Augenringe oder Pickel oder strähnigen Haare mehr. Und vor allem will ich nicht immer wieder das Beste da draußen verpassen. Was das Beste da draußen ist? All die neuen Chancen, die auf dich warten! Die Chance, dem richtigen Mann oder der richtigen Freundin zu begegnen oder den richtigen Job oder die richtige Wohnung zu finden.

Wie klingt das für dich? Gut? Es ist verdammt GUT! Und vor allem ist es viel besser, als immer weiter an den alten, schlechten Gedanken festzuhalten und dir damit dein eigenes Gefängnis zu bauen! Es ist wie mit zu viel Schokolade: Für den Moment mag sich das gut anfühlen. Aber dann wird dir übel. Genauso ist es mit negativen Gedanken – sie bringen nichts, außer, dass du dich noch trauriger, noch wütender, noch verzweifelter fühlst. Ja, wenn wir die alten, die schlechten Gewohnheiten nicht endlich loslassen, schließen wir uns freiwillig ein! Destruktive Gedanken halten dich doch nur auf. Und vor allem interessieren sie irgendwann niemanden mehr. Ehrlich, ich habe jeden mit meinem Frust zugelabert. Ich war so krass negativ. Was habe ich am Ende gewonnen? Was hat das an meiner Situation, an meiner Enttäuschung, an meinem Liebeskummer geändert? Richtig. NICHTS! Abgesehen davon, dass die Leute irgendwann (heimlich) von mir genervt waren. Weil ich ihre Ratschläge sowieso nicht beachtet habe – oder es die falschen Ratschläge waren, die meine Situation auch nicht verändert haben.

Die Wahrheit ist, liebe Tulpen, wir *kreieren* Gedanken. Sie sind ja keine Taten, sie existieren nur im Kopf. Und dann habe ich mich gefragt: Wenn negative Gedanken dazu führen, dass ich mich schlecht fühle, was passiert, wenn ich positive Gedanken habe? Also habe ich versucht, meine Gedanken erst mal nur auf mich zu fokussieren. Mir vorzustellen, wo ich in ein oder zwei Jahren bin. In zwei Monaten, zwei Wochen, zwei Tagen. In zwei Minuten. Ohne Scheiß, aber ich habe wirklich angefangen, mein Gehirn umzuprogrammieren. Und zwar auf SCHÖNE Dinge, auf positive. Denn tatsächlich ist es doch so, wenn ich was Schönes sehe, denke ich schön. Wenn ich was Schönes denke, bin ich motiviert. Probier es mal aus. Denk zum Beispiel daran, wie es sich anfühlt, wenn dich jemand anlächelt. Dir ein Kompliment macht. Dir etwas schenkt. Wie fühlt es sich an, wenn DU jemanden anlächelst, wenn DU ein Kompliment machst, wenn DU jemanden mit einem kleinen Geschenk überraschst und glücklich machst? Wenn DU jemanden anrufst oder eine nette Nachricht schickst?

All das habe ich getan. Und mich krass gut gefühlt. Ich habe dann auch angefangen, alleine in Cafés zu sitzen, um unter Menschen zu kommen. Habe mich mit Fremden unterhalten und fand es toll. Es war kein *deep talk*, einfach nur ein paar nette Sätze über das Wetter oder so. Aber es hat mich bereichert und es hat mich glücklich gemacht. Jedes Mal. Dann habe ich Pläne für eine neues Projekt geschmiedet und es angeschoben. Oder ich bin weggefahren, in eine Stadt, die ich noch nicht kannte. Oder in die ich endlich mal wieder wollte. Schritt für Schritt bekam ich eine positivere Ausstrahlung. Das Leben wurde leichter. Ladys, ihr wisst, ich hatte einen verdammt schlechten Männergeschmack. Ich schwöre, den habe ich jetzt nicht mehr. Ich hatte auch viele schlechte Gefühle – die habe ich immer noch. Aber nur für einen kurzen Moment. Und nicht mehr so krass intensiv.

Bitte denk jetzt nicht, du musst ab sofort nur noch fröhlich sein. Nein, nein, nein. Du darfst natürlich auch weiterhin Gefühle haben wie Wut und Zorn und Hass und Liebeskummer. Natürlich darfst du gekränkt und verletzt sein, du darfst traurig sein und weinen. Das ist absolut okay. Aber zieh es bitte nicht (mehr) künstlich in die Länge. Weil dich das fickt! Je länger du negative Gefühle zulässt, desto mehr wirst du selbst zu diesem Gefühl. Das ist dann nicht mehr okay. Also verabschiede dich davon! Die wichtigste Verabschiedung, die dich ganz weit im Leben bringen wird, ist die Verabschiedung von schlechten Gedanken. Ich schwöre! Deswegen merke dir: Eine negative Einstellung kreiert eine schlechte Persönlichkeit. Die wiederum kreiert schlechte Gedanken. Diese Gedanken führen dann zu schlechten Handlungen – und das bestimmt eine schlechte Lebenseinstellung. Damit schließt sich der Kreis. Den musst du bitte durchbrechen! Und das gelingt dir nur, wenn du beginnst, ALLES positiv zu sehen. Wenn du alles umdrehst, bekommst du eine positive Lebenseinstellung. Denn gute Gedanken kreieren gute Taten. Und die kreieren gute Menschen. Wenn du das verstanden hast, wird sich dein Leben zum absolut Besseren verändern.

Wenn DU dich davon verabschiedet hast, kannst du dein Leben positiver sehen und auch gestalten. ABER du kannst niemandem vorwerfen, Gefühle wie Wut und Kummer zu haben. Du kannst auch niemandem seine Rachegedanke verbieten. Denn jeder muss für sich selbst entscheiden. Was du aber tun kannst, ist, diesen Menschen zu sagen: Je länger du an diesen negativen Gefühlen festhältst, desto stärker werden sie. Sie werden dich vergiften. Weil du dich darauf fokussierst. Damit projizierst du jedes negative Gefühl auf dich selbst.

Ihr Lieben, meine Bitte, der Rat eurer Abla: Verabschiedet euch von schlechten Gedanken, von schlechten Taten und vor allem von schlechten Menschen. Nicht nur eine Zeitlang fernhalten! V E R A B S C H I E D E N! Das ist es, was ich getan habe. Eine meiner besten Entscheidungen, über die ich glücklich und dankbar bin. Denn heute kommt bei der Erinnerung an eine bestimmte Situation oder einen bestimmten Menschen, der mich gekränkt oder verletzt oder enttäuscht hat, kein negatives Gefühl mehr hoch. Ich könnte dir nicht mal mehr sagen, was im Einzelnen passiert ist. Deswegen wäre es für mich auch kein Problem, diejenige Person nach Jahren wiederzutreffen. Warum wir allerdings nicht mehr befreundet sind, darüber würde ich nicht sprechen wollen. Weil es alles viel zu lange her ist, ich zu viel vergessen habe – und weil es für mich keine Rolle mehr spielt. Was vorbei ist, ist vorbei. Die Zeit lässt sich nicht zurückdrehen. Was gesagt und getan wurde, wurde gesagt und getan. Aber ebendiese Zeit lässt dich wachsen, und damit kannst du alle negativen Gefühle hinter dir lassen, die damals für einen Streit oder eine Trennung gesorgt haben.

Ich mag es übrigens, dass die Zeit die Dinge in einem weicheren Licht erscheinen lässt. Was manchmal bleibt, ist ein unbestimmtes, dumpfes Gefühl, ein Hauch von etwas, das dich vorsichtig sein lässt, wenn du denjenigen wiedertriffst, der dich damals unglücklich gemacht hat. Es ist wie ein Warnsignal. Damit du dich daran erinnerst, was damals war. Du musst es nicht konkret und im Einzelnen wissen. Es reicht, dich zu erinnern, dass dieser Mensch dich verletzt hat.

Ihr kennt inzwischen viele meiner Geschichten, und deshalb wisst ihr, wie oft ich enttäuscht und verletzt und verlassen wurde. Aus diesem Grund weiß ich nur zu gut, wie schmerzhaft es ist, sich von einem Menschen zu verabschieden, von dem du immer dachtest, er wäre dein Freund. So jemanden aus seinem Leben zu streichen, ist wirklich hart. Darüber darfst du traurig sein, aber bitte verzweifle deswegen nicht! Manchmal kannst du eben ein Kapitel oder das Buch nicht zu Ende schreiben. Dafür ist aber ein Abschied auch immer ein Neuanfang. Jemand, der geht, macht Platz für einen anderen Menschen. Für einen, der deine Werte teilt. Der dich respektiert und unterstützt. Der besser zu dir passt. Deswegen sage ich, verabschiede dich von Menschen, die dir nicht guttun. Das habe ich sogar mit einigen Familienmitgliedern getan. Und meinen Frieden damit gemacht. Ehrlich. Es heißt ja immer, Familie darf sich mehr erlauben als ein Freund. Weil Blut dicker ist als Wasser. Das sehe ich nicht mehr so. Auch wenn wir unserer Familie mehr verzeihen, wenn wir mehr Kränkungen aushalten, als wir es normalerweise tun würden. Niemand kann sich davor schützen, von seiner Familie enttäuscht und gekränkt zu werden. Auch ich nicht. Es ist mir sogar mehrfach passiert. Dennoch hasse ich niemanden aus meiner Familie. Ich sehe einfach nur klarer, weil ich meine Scheuklappen abgenommen habe. Und damit wurde mir klar, dass Familie nichts mit der Größe, mit der Anzahl der Mitglieder zu tun hat. Familie kann auch eine einzige Person sein. Wichtig ist nur, dass es die richtige Person ist. Deswegen ist meine Familie sehr klein geworden und ich bin absolut *d'accord* damit. Ja, es ist schade, dass so viele Familienmitglieder den Kontakt zu mir abgebrochen haben. Aber es ist ihre Entscheidung, die ich akzeptiere.

Früher hat es mir wehgetan, wenn sich die Dinge manchmal in eine Richtung entwickelt haben, die mich traurig gemacht und die ich nicht erwartet habe. Doch meine schönen Erinnerungen an unser Zusammensein, die kann mir niemand nehmen und sie werden niemals vergehen. Deswegen ist es für mich mittlerweile okay, dass es ist, wie es ist. Denn ich habe mich nicht verloren. Ich bin mir immer treu geblieben. Von Menschen, die mir Schuldgefühle einreden wollten, habe ich mich getrennt. Dass sie zu meiner Familie gehören, macht für mich keinen Unterschied. Denn für mich gibt es da keine zwei Meinungen: Du kannst einen Menschen durchaus für sein Handeln kritisieren. Aber du kannst ihm nicht vorwerfen, dass er ist, wie er ist. *Excuse me!* Das geht nicht. Meine Mutter zum Beispiel hat mir nie die Schuld für irgendwas gegeben. Wenn ich mal Scheiße gebaut habe, dann hat sie gesagt: »Ist passiert, jetzt machen wir das Beste draus.« Oder sie hat mir klargemacht, dass ich mich für meine Tat entschuldigen muss. Aber sie hat eben auch gesagt: »Halt dich fern von den Menschen, die dir nicht guttun.« Ich finde, das ist ein sehr kluger Rat. Denn wenn mir Menschen nicht guttun, spielt es keine Rolle, wer sie sind, ob Familie oder nicht. Abgesehen davon kann dich die Familie viel tiefer verletzen als Freunde. Du gibst Familie mehr Chancen. Du verzeihst mehr. Aber irgendwann ist gut. Wenn die Familie dafür sorgt, dass du dich schlecht und schuldig fühlst, verabschiede dich ohne Wut von denen, die dich schlecht behandeln. Selbst wenn sie deine nächsten Verwandten sind. Du brauchst solche Menschen nicht in deinem Leben. Behalte die schönen Erinnerungen und verabschiede dich von allem anderen.

Wenn ich mich an meine Familie erinnere, ist das ein buntes, wundervolles Bild voller Lachen und Freude und liebevollem Miteinander. Ich bin gerade sechs Jahre alt. Es sind Ferien. Ein langer Sommer liegt vor mir. Mit meinen Eltern und Geschwistern und Tanten und Onkeln und Cousins und Cousinen fahren wir zu meiner Oma nach Marokko. Drei Tage brauchen wir, um Kenitra zu erreichen, wo meine Oma in einem Haus lebt, wo noch andere Tanten und Onkel und Cousins und Cousinen von mir wohnen und auf uns warten. Das ganze Dorf ist in Aufregung: Die Deutschen kommen! Wir bringen für alle Kaffee, Schokolade, Zigaretten mit.

Ich sehe meinen Vater, der noch gelebt hat, sehe so viele Tanten, die noch gelebt haben.

Ich sehe meine Lieblingstante, noch voll jung, ohne Kinder, noch nicht verheiratet.

Ich sehe meinen Kater Minusch, der jeden Sommer auf mich gewartet hat.

Ich sehe meine Großmutter mit ihrem goldenen Zahn.

Ich sehe alle meine Cousinen und Cousins aus Deutschland und alle Cousinen und Cousins, die in Marokko leben und uns dafür bewundern, dass wir in Deutschland ein neues Zuhause gefunden haben.

Ich sehe uns bei meiner Oma ankommen. Wie immer sind Musiker da, die du auch in Marrakesch hören kannst. Sie spielen für uns, wir tanzen alle. Es gibt reichlich zu essen. Wir Kinder dürfen bis vier Uhr morgens auf der Straße *kashkash* spielen (wer den Kieselstein am weitesten wirft, hat gewonnen).

Ich sehe uns, wie wir zum Kiosk rennen und Riegel kaufen. Ich sehe uns, wie wir alle in einem Raum schlafen.

Am nächsten Tag fahren wir zum Strand, mit dem Bus. Der hält nicht mal an den Haltestellen an, deswegen müssen wir rausspringen. Und dann sind wir am Atlantik, der so wild ist, dass jeden Sommer mindestens zehn Leute ertrinken. Die Tage sind lang und sonnig und wir sind alle zusammen und glücklich. Morgens holen wir frische Milch, wir dürfen Eier einsammeln …

Das war meine Familie. Nichts kam zwischen uns! Ich habe es geliebt. Und meine Oma hat es auch so geliebt, wenn wir alle bei ihr mit den Nachbarn zusammensaßen und jeder Geschichten erzählt hat. Diese Sommer dauerten gefühlt für immer. Und in meiner Erinnerung ist es genauso. Sie ist auch deswegen so wunderschön, weil alle noch gelebt haben. Und niemand kann sie mir nehmen. Bis ich 20 war, habe ich jeden Sommer so verbracht. Und jedes Jahr waren wir mehr, weil geheiratet wurde, weil Kinder geboren wurden. Irgendwann hatte unsere Familie gefühlt 50 Mitglieder.

Wenn du dich fragst, ob wir alle noch in Kontakt miteinander stehen – nein. Meine Oma lebt nicht mehr, ihr Haus wurde verkauft. In meinem Leben gibt es nur noch meine Mutter, meine Lieblingstante, die so jung aussah, und meine älteste Schwester. Diese drei sind übrig geblieben aus der Zeit. Zum Rest der Familie habe ich keinen Kontakt mehr. Warum? Vermutlich, weil ich irgendwann klar gesagt habe, was ich will und was ich nicht mehr will. Weil ich irgendwann NEIN sagen konnte. Wir alle machen uns ja ein Bild von den Menschen, mit denen wir etwas zu tun haben. Und besonders in der Familie ist das ein Bild, das sich bitte am besten nicht verändert. So war das bei mir. Sie hatten ein Bild von mir, das irgendwann aber nicht mehr stimmte, weil ich mich entwickelt habe. Was gut und wichtig ist. Statt stolz auf mich zu sein, haben sie mir Schuldgefühle eingeredet, dass ich nicht mehr so bin, wie ich mal war. Und trotzdem habe ich lange an diesen Menschen festgehalten, weil ich das Gefühl hatte, ich brauche sie. Ganz gleich, ob sie mir immer wieder ein schlechtes Gefühl gegeben haben.

Aber gegen dein wahres ICH kannst du auf Dauer nicht ankämpfen. Du kannst nicht verdrängen oder überspielen, wer du wirklich bist. Und mein wahres ICH hat eben irgendwann begonnen, NEIN zu sagen. Es ist gut und wichtig, NEIN zu sagen, auch zu Menschen, die du magst. Gerade zu Menschen, die du magst. Wenn du nicht sagen kannst, was du brauchst oder willst, und mir dann Vorwürfe machst, weil ich es kann, dann bist du kein Mensch für mich. Ja, ich habe mich von all den Menschen getrennt, die mich manipuliert und mir Schuldgefühle eingeredet haben. Früher hat es mir wehgetan, wie sich die Dinge entwickelt haben. Jetzt ist es okay. Auch dass mir von 50 Mitgliedern meiner Familie nur drei geblieben sind. Denn ich erinnere mich gerne an all die, die zu meiner Familie gehören. An die, die damals noch gelebt haben, an die, die nicht mehr leben. Und ich denke gerne an die, die damals noch gar nicht geboren waren und jetzt selbst Kinder haben.

Viele Jahre war ich jetzt nicht in Marokko. Bald möchte ich all diejenigen besuchen, die noch leben. Denn manchmal gehe ich gerne zurück in die Vergangenheit, um »Hallo« zu sagen und mich zu bedanken für die schönen Erinnerungen. Danach kehre ich um in die Gegenwart, um für meine Zukunft zu arbeiten. Natürlich muss deine Familiengeschichte nicht so enden wie bei mir. Lass dir dennoch einen Rat von deiner Abla geben: Wenn deine Geschwister oder Cousinen oder wer auch immer aus deiner Familien ihre eigenen Fehler erkennen und bereit sind, daran zu arbeiten, weil sie dich nicht als ihre Schwester oder Nichte oder Cousine verlieren wollen, dann haben sie eine zweite Chance verdient. Ihr seid blutsverwandt. Ihr werdet euch immer wieder begegnen. Spätestens, wenn einer stirbt. Vergiss nie, es ist ihre Entscheidung, ob sie für oder gegen dich sind. Es ist nicht deine Verantwortung, ob sie etwas verändern wollen oder nicht. Wenn sie sich gegen dich entscheiden, dann war es das für dich. Dann reduziere den Kontakt. Oder brich ihn ab. Wenn du alles versucht hast und nichts ändert sich, dann musst du gehen. Dann verabschiede dich in Liebe, mach die Tür zu, und akzeptiere, dass es so ist, wie es jetzt ist. Genau das habe ich getan. Und ja, es war schmerzhaft. Aber das vergeht und irgendwann bist du erleichtert und fühlst dich frei.

Ich fühle mich frei. Weil ich entschieden habe, ich will nicht sauer sein. Ich will nicht wütend sein. Ich will keine schlechten Gedanken haben. Ich will glücklich sein. Wenn dich jemand so sehr verletzt und kränkt und sich nicht dafür entschuldigt, weil er nicht mal begreift, was er dir angetan hat, dann verabschiede dich von diesem Menschen. Denn wir ALLE haben es verdient, mit Respekt behandelt zu werden. Wir ALLE haben Loyalität und Liebe verdient. Jede von uns!

Manchmal ist LOSLASSEN
die reinste Form der Liebe und
die einzige Brücke zu Frieden
und Neuanfang.

12.
ICH, ER UND DIE ANDERE

Seit vier Jahren sind Farah und Khalid ein Paar. Sie leben in verschiedenen Städten, und es fällt ihnen nicht immer leicht, diese Beziehung auf Distanz zu führen. Deswegen streiten sie häufig, aber sie versöhnen sich auch immer wieder. Überzeugt davon, er ist der Mann ihres Lebens, verzeiht Farah ihm immer wieder. Als jedoch ihre Schwester schwer krank wird und Farah sich rund um die Uhr um sie kümmert, betrügt Khalid sie. Was Farah tief verletzt, doch oberste Priorität hat jetzt ihre Schwester. Als die jedoch den Kampf gegen ihre Krankheit verliert, reagiert Khalid aus Überforderung herzlos. Er wirft Farah vor, sich seit Monaten nur noch um ihre Schwester gekümmert und ihn dabei vernachlässigt zu haben. Es kommt zu einem sehr hässlichen Streit, der in einer Katastrophe für Farah endet.

Haben wir das nicht alle schon mal erlebt? Wir sind schwach und verletzlich, sehnen uns nach Trost, nach einer starken Schulter, einer Umarmung. Stattdessen werden wir in unserem Kummer nicht gesehen, nicht ernst genommen. Vielleicht sogar verhöhnt und verspottet oder sogar beschimpft. Weil es ihm gerade nicht in den Kram passt, weil er mit seiner Gang verabredet ist, weil er einfach keinen Bock auf Drama hat. So eine Reaktion ist schon heftig. Ich fühle so sehr mit Farah, denn es erinnert mich an die Situation mit einem meiner Ex-Freunde. Der war aber nicht nur abgelenkt von seinem eigenen Shit. Nein. Er hat mir einen so heftigen Schlag verpasst, dass mir der Atem wegblieb.

Liebe sollte glücklich machen, nicht unglücklich. Wer aufrichtig liebt, der respektiert und wertschätzt und unterstützt seinen Partner. Deswegen solltest du auch niemandem gestatten, dich schlecht zu behandeln, deine Gefühle nicht ernst zu nehmen oder gar mit ihnen zu spielen. Wenn du das zulässt, verrätst du dich und deine Bedürfnisse und Gefühle. Deswegen rate ich dir, einen *cut* zu manchen, wenn jemand dir gegenüber respektlos ist. Du liebst ihn? Obwohl er dich schlecht behandelt? WARUM? Diese Liebe bringt dich um. Es kann nicht sein, dass du das wirklich willst. Dass du lieber leidest, als glücklich zu sein. Mach nicht den Fehler und verleugne dich. Mach nicht den Fehler, zu glauben, dein Partner dürfe dich schlecht behandeln. Mach nicht den Fehler, bei einem Menschen zu bleiben, dem deine Gefühle egal sind, der dich immer wieder verletzt. Folge deinem Überlebensinstinkt! Mach einen *cut*! Entscheide dich FÜR DICH.

Erinnert ihr euch an meine große Liebe, meinen Mister Big? Erinnert ihr euch an diese teuflische Person, die sich wie ein Parasit in meinem Leben festgebissen hatte? Ihn habe ich geliebt, ihr habe ich vertraut. Zwei Fehler, die mich zerstört haben. Von denen ich mich nur langsam erholt habe. Die schwere Konsequenzen für mein Leben hatten. Kann ich diese Fehler rückgängig machen? Nein. Ich kann es nicht mehr ändern. Und das ist gut so! Wirklich! Es sind nun mal die Erfahrungen, die du machst im Leben. Lektionen, die du lernen darfst, damit du den gleichen Fehler nicht noch mal machst. Damit du dich entwickelst. Es ist gut, wenn du hinfällst, wenn du dir wehtust. Vertrau mir, es geht auch alles wieder vorbei! Es ist nur eine Phase. Eine schmerzhafte, ja. Aber sie dauert nicht ewig. Versprochen. Obwohl du genau dieses Gefühl hast, während du mitten in deinem Drama steckst.

Ich kenne das so gut, ich fühle mit Farah, weiß genau, wie schockiert und verzweifelt sie ist. Bei mir war es meine Mum. Als sie ihre Krebsdiagnose bekam. Es hat uns allen so große Angst gemacht. Wochenlang diese Panik, wie es weitergeht, ob sie das überleben wird. In dieser Zeit war ich rund um die Uhr für sie da. Irgendwann war ich nur noch erschöpft und brauchte Zuspruch. Es war Wochenende, mein damaliger Freund wohnte nur eine Stunde mit der Bahn entfernt. Also habe ich ihn angerufen und ihm gesagt, dass ich so *fucking* Angst habe, meine Mum zu verlieren. Und er? War mit seinen Gedanken überhaupt nicht bei mir, weil er gerade mit seinen Jungs gepokert hat. Trotzdem bin ich zu ihm gefahren. Mit dem Zug. Obwohl er am Telefon nicht sehr aufmerksam war, habe ich mich auf ihn gefreut. Was dann allerdings passiert ist, war der Horror. Heute bin ich überzeugt, er war mit der Krankheit meiner Mutter überfordert und deswegen hat er sich von seiner schlimmsten Seite gezeigt.

Gute Menschen, wie Medeni einer ist, sagen in so einer Situation: »Ich weiß nicht, wie ich damit jetzt umgehen soll, aber ich lasse dich nicht allein.« Die geben alles, um dich zu unterstützen, dich zu trösten. Sie sind für dich da. Und dann gibt es Menschen, die verdrängen. Als gäbe es die Situation gar nicht. Als gäbe es dich und dein Problem, deine Angst und deinen Kummer nicht. Weil ihnen das alles unangenehm, alles zu viel ist, weil sie Angst haben vor Krankheiten und dem Tod. Weil sie nichts damit zu tun haben wollen. Deswegen geben sie dir das Gefühl, du bist eine Belastung. Genau dieses Gefühl hat mir mein Freund an diesem Wochenende gegeben. Ausgerechnet in der Zeit, als ich so schwach und angreifbar war und Wärme, Verständnis und Trost gebraucht hätte.

Kennt ihr das? Ihr seid immer für ihn da. Selbst wenn er seinen Job verliert, wenn er seine Männlichkeit verliert. Wenn er Geldprobleme hat. Egal, was ist, ihr steht loyal zu ihm. Und dann braucht ihr ihn ein einziges Mal, weil ihr erschöpft und schwach und verletzlich seid. Und was bekommt ihr? Einen Schlag in die Fresse. So war es bei mir. Ich wollte kein Geld von ihm, er sollte mir nichts kaufen, mich nicht in den Urlaub einladen. Alles, was ich mir gewünscht habe, war, dass er mich ein bisschen von der

Angst um meine Mutter ablenkt. Und was ist passiert? Er hat mich verlassen. Kein Scherz! Glaub jetzt nicht, er hätte sich wenigstens fair und erwachsen verhalten! Nein. Im Gegenteil. Heute schmerzt es mich nicht mehr. Damals ist mir das Herz stehen geblieben. Denn er hatte nicht den Mut, es mir direkt ins Gesicht zu sagen. ICH habe es rausgefunden. Mit wem er mich betrügt, für wen er mich verlassen will.

Nein, nein, nein. Ich habe nicht seine Sachen durchwühlt oder heimlich in seinem Handy nach Nachrichten von ihr gesucht. Die Nachricht der anderen hat mich gefunden! Sie hatte ihren Namen nämlich wahrscheinlich kurz vorher auf den Badezimmerspiegel geschrieben. Nicht mit Lippenstift, sondern mit dem Finger auf den beschlagenen Spiegel. Als ich also aus der heißen Dusche kam, konnte ich ihren Namen lesen! Und das Schlimmste war – ich wusste, wer sie war! Ich kannte sie schon lange. Schon bevor wir überhaupt ein Paar wurden. Bevor ich euch erzähle, wie es endete, erzähle ich euch, wie es begonnen hat, mit mir, ihm und der anderen.

Kurz nachdem es mit meinem Mister Big vorbei war, habe ich meinen 30. Geburtstag groß gefeiert. In einem Hotel, mit zwei DJs. Alle waren da. Meine alten Bandkollegen und ja, sogar mein Ex. Und gleich am nächsten Abend war ich zu einer Party eingeladen. Da ich vorher noch beim 2020 verstorbenen Starfriseur Udo Walz zum Vorweihnachtsessen eingeladen war, bin ich erst gegen ein Uhr im Club angekommen. Da war krass gute Stimmung, viele Frauen und Mädchen in der VIP-Lounge, es gab jede Menge Champagner und gute Musik. Außer dem Partyfreund, der mich eingeladen hatte, kannte ich niemanden. Ich wollte nur ein bisschen chillen, da quatschte mich so ein Typ zu. Der war extrem lästig. Bevor es richtig übel wurde, setzte sich jemand zwischen uns. Im Gegensatz zu den anderen Gästen erschien dieser attraktive Typ mir wahnsinnig nüchtern und tatsächlich hat er mich mit viel Humor aus einer sehr unangenehmen Situation gerettet. Je länger wir uns unterhielten, desto interessanter fand ich ihn. Flirten hilft ja bekanntlich bei Liebeskummer.

Wir hatten Spaß, und weil wir uns sympathisch waren, lud er mich spontan zu seiner Silvesterparty ein. Natürlich habe ich die Einladung angenommen, bin allerdings erst nach Mitternacht in das Restaurant, wo er mit seinen Freunden feierte. Es wurde eine echt coole Nacht – wir haben uns vier Stunden lang unterhalten. Nicht über ihn oder mich, sondern über alles Mögliche. Es war richtig *deep talk*, was mir gefallen hat. Je länger das Gespräch dauerte, desto interessanter fand ich ihn. Ab diesem Abend haben wir uns dann fast jeden Tag gesehen und es entwickelte sich eine wirklich gute Freundschaft. Zumal wir ganz nahe beieinandergewohnt haben. (Für mich damals ein Zeichen, dass unsere Begegnung kein Zufall, sondern Schicksal war.) Wir konnten uns also *easy* jederzeit treffen. Und das haben wir – und dabei viel geredet, viel gelacht. Es war die klassische Kennenlernphase.

Und während dieser intensiven Phase tauchte das erste Mal diese andere Frau auf, deren Namen ich Jahre später im beschlagenen Badezimmerspiegel gelesen habe. Ich sah ein Foto von ihr und war beruhigt, weil ich in ihr überhaupt keine Konkurrentin sah. Deswegen war ich auch kein bisschen eifersüchtig. Nur neugierig. Ich wollte wissen, welche Rolle sie in seinem Leben spielte. Eines Tages saß er mit ihr in einem Café, in dem eine Freundin von mir arbeitete. Die schrieb mir eine Nachricht, dass »mein« Typ da mit einer leichtbekleideten Frau sitzen würde. Als Beweis hat sie mir ein Foto geschickt. Ihn habe ich später auf diese Frau angesprochen, und er sagte, ich müsste mir keine Sorgen machen, sie wäre gar nicht sein Typ, sondern nur eine alte Freundin mit Problemen. Er wäre einfach für sie da. Eine Lüge – wie ich aber erst viel später herausfand. Ich habe ihm glauben wollen und genau an dem Tag sind wir uns nähergekommen.

Der Startschuss für unsere offizielle Beziehung, in der diese angeblich *nur alte Freundin* überall ihre Spuren hinterließ. Ihr

Name stand zum Beispiel in seinem großen Geburtstagskalender – meiner aber nicht. Da habe ich geahnt, da ist mehr. Warum ich nicht gleich wieder Schluss gemacht habe? Hörst du auf lästige Alarmglocken, wenn du frisch verliebt bist, wenn der Sex toll ist? Ich war verliebt. Also habe ich mein ungutes Gefühl ignoriert.

Ja, die andere war irgendwie immer präsent. Von Anfang an. Und er hat mich belogen, was sie betraf. Von Anfang an. Denn am Ende kam raus, dass der Bastard sogar zeitweise mit ihr zusammengewohnt hat. Denn er hatte noch eine zweite Wohnung, in der er sich mit mir getroffen hat.

Für dieses Mädchen, das mir heute wirklich leidtut, war ich vermutlich der schlimmste Albtraum. Dabei war er nur eine Liebe von mir – aber keine große Liebe. Aber für sie war er ALLES! Ernährer, Versorger, Bruder, Freund, die ganz große Liebe. Er hat sie völlig von sich abhängig gemacht, obwohl seine Familie komplett gegen die Beziehung war. Ich habe seine Eltern kennengelernt – was sie nicht durfte. In der Öffentlichkeit hat er nicht zu ihr gestanden, sondern zu mir. Natürlich ist sie da durchgedreht. Ich will nicht wissen, wie verletzt sie war. Außerdem weiß ich, wie sich dieser hoffnungslose Kampf um den Mann anfühlt, von dem du denkst, ohne ihn willst und kannst du nicht leben. Der dir den schlimmsten Liebeskummer deines Lebens bereitet. Der Bastard hat alles versucht, damit seine Lügen nicht herauskommen. Doch natürlich sind sie das am Ende. Ich habe sogar herausgefunden, dass es noch eine dritte Frau gab. Aus sehr gutem Haus. Sie sah gut aus, war belesen, hatte studiert. Ja, kein Scheiß. Er hat uns alle drei hingehalten. Vielleicht hat er ja von einem Harem geträumt?

So bitter das war, es war nicht meine Schuld, dass unsere Beziehung gescheitert ist. Er hat mich belogen und betrogen – aber nicht, weil ich nicht gut genug für ihn war oder nicht hübsch genug oder nicht arabisch genug. Er war nicht der richtige Mann für mich. Er hat nicht nur ein Doppelleben geführt, sondern ist dreigleisig gefahren, weil jede von uns ihm etwas gegeben hat, was die jeweils andere nicht hatte. Dafür gab es von Anfang an Indizien, die ich aber nicht wahrhaben wollte. Ich war verliebt und deswegen habe ich mich taub und blind gestellt. Dabei wäre es für mich akzeptabel gewesen, wenn er gesagt hätte: »Sorry, aber ich habe mich in eine andere Frau verliebt. Ich will mit ihr zusammen sein. Deswegen verlasse ich dich.« Aber der Bastard hat mich hingehalten. Hat mich als eifersüchtige, verrückte Schlampe hingestellt. Er hat ein krankes Spiel gespielt.

Wenn du mich fragst, woran erkenne ich, dass mein Partner fremdgeht, sage ich dir: Hör auf dein Bauchgefühl! Sei wachsam. Wenn du ihm nicht vertraust, wenn er behauptet, die andere Frau wäre »nur eine alte Freundin«, soll er dich dieser Freundin vorstellen. Unterhalte dich mit ihr, beobachte, wie sie auf ihn reagiert, wie sie miteinander umgehen. Ich bin sicher, du wirst erkennen, ob er ehrlich zu dir ist oder lügt.

Wenn du mich fragst, woran erkenne ich, dass er mich liebt, dass er es ernst meint, sage ich: Schau, wie er dich behandelt. Vergiss nicht: Worte sind geduldig, doch Taten sagen viel mehr. Liebe kann man nicht erzwingen. Wenn er dich nicht respektvoll behandelt, wenn er dich und deine Gefühle nicht ernst nimmt, dann liebt er dich nicht.

Als ich am Ende nicht mehr ignorieren konnte, was vor meinen Augen passierte, hat der Bastard sich nicht mal für all die Lügen und sein hässliches Verhalten entschuldigt. Es war ihm egal, ich und meine Gefühle waren ihm egal. Er hatte nicht mal Angst, mich zu verlieren. Im Gegenteil, er war sogar erleichtert, als es vorbei war. Denn er hatte seine Zukunft mit der Frau, die ja angeblich nur eine Bekannte war, längst geplant. *Guess what.* Vier Tage nachdem Schluss war, ist sie bei ihm eingezogen! Kein Scheiß. Aber wir wissen ja, dass wir gegen die Liebe machtlos sind. Du kannst nichts dafür, wenn du dich in einen anderen Menschen verliebst. Aber wenn du dich wie ein Bastard benimmst – dafür kannst du was! Das ist deine Verantwortung. Es war so krass. So brutal. Diese ganze Geschichte hat mich so viel Energie und Kraft gekostet. Jemand, der dich liebt, lässt dir dein Gesicht. Und jemand, der aufgehört hat, dich zu lieben, aber dich trotzdem mag und respektiert, der lügt dich nicht an. Der Bastard hat mir nicht mein Gesicht gelassen und er hat mich nicht respektiert. In dieser Situation war es schwer, nicht die Nerven zu verlieren. Zusätzlich zu der Angst um meine Mutter hatte ich jetzt auch noch den Beweis, vor der sich jede von uns fürchtet: Er liebt eine andere. Und zwar nicht erst seit gestern.

Ihr glaubt nicht, was der *motherfucker* dann noch ernsthaft behauptet hat. Er hätte mir das alles nicht gestanden, weil er mich nicht noch mehr belasten wollte. Was für ein Scheiß! Er hatte einfach nicht die Eier! Ladys, ihr wisst vielleicht, wie sich so eine Erniedrigung anfühlt. Vor allem, wenn du nicht damit rechnest. Aber so eine verdammte Ausrede ist das Letzte!

Völlig unter Schock, wusste ich nicht, wohin mit meinen Gefühlen. Es war drei Uhr morgens. Ich wollte nur weg. Weg aus der Wohnung, weg von ihm, weg von diesem brutalen Schmerz. Aber um die Zeit fuhr keine Bahn. Erst wieder ab fünf Uhr. Ein Hotel gab es auch nicht. Ich konnte also nirgends hin. Mir blieb nichts anderes übrig, als diese Demütigung auszuhalten. Mein damaliger Freund ist direkt ins Schlafzimmer, während ich im Wohnzimmer blieb und zwei Stunden hart nachgedacht habe. Als es endlich fünf Uhr war, bin ich zu ihm, um mir die letzte Faust zu holen.

Ich: »Ich gehe jetzt.«
Er: »Soll ich dich zum Bahnhof fahren?«
Ich: »Nee, passt schon.«
Er: »Ich meld mich dann.«

Damit hat er sich auf die andere Seite gedreht. Ich schwöre, das war's. Natürlich hat er sich dann nicht gemeldet. Kennst du das

Gefühl, wenn etwas Schlimmes passiert und du denkst, es geht nicht schlimmer? Vergiss es! Schlimmer geht IMMER. Kurze Zeit später bekam ich die nächste Schelle.

Ihr erinnert euch vielleicht, dass ich als Jurorin bei *Popstars* war. Es war eine große Ehre für mich und wir alle hatten eine wirklich gute Zeit. Doch die Quoten stimmten nicht. Der erhoffte Erfolg blieb aus. Es war eine echt harte Zeit. Ich hatte eine kranke Mama, der Typ, den ich gerne geliebt hätte, liebte eine andere, und der Job war nicht so gut gelaufen, wie ich mir erhofft hatte. Das war der Moment, in dem ich kurz davor war, zu sagen: »Danke, das war's.« Ich war so am Ende, so unendlich erschöpft. Aber aufgeben?! Kommt für mich NIE in Frage. Ich habe ja schon früh gelernt, dass es irgendwie immer weitergeht. Alles, was du brauchst, ist Geduld. Und auch wenn es am Anfang keine großen Schritte sind, wird sich alles fügen.

So war es auch bei mir. Geld kommt und geht, Freunde kommen und gehen und der Liebe wirst du auch nicht nur ein Mal in deinem Leben begegnen. Aber eine Mama hast du nur diese eine. Für mich hat nur gezählt, dass es ihr sechs Monate später wieder gut ging. Ganz ehrlich? In dem Moment waren mir mein Ex-Freund, *fake friends*, Job und Geld vollkommen egal. Ich wusste nur, ab jetzt geht es wieder bergauf. Und ich hatte Recht. Ab da flogen kleine Lichtfunken auf mich zu. Es war dann nicht gleich die ganz große Bühne, aber die richtige. Es kamen der richtige Job, der richtige Kumpel, das richtige Date, die richtige Bestätigung. Alles war auf einmal wieder richtig. Ich wusste, es würde noch viel Arbeit sein, bis ich bekommen würde, was ich verdiene.

Hatte ich schon erwähnt, dass ich immer hart erfolgreich bin, sobald mir das Herz gebrochen wird? Es ist nicht schön, das Herz gebrochen zu bekommen. Aber wenn – dann ist es das Beste, was dir passieren kann. Scheitern, Fehler machen – sei dankbar, wenn es dir passiert. Es kling pervers, ich weiß. Aber glaub mir, nur so lernen wir! Wenn wir gezwungen werden, unsere Komfortzone zu verlassen. Kein Mensch auf dieser Welt wird davon verschont! KEINER. Egal, wie reich oder schön oder erfolgreich oder einflussreich oder mächtig er ist. Die besten, die erfolgreichsten Menschen dieser Welt haben Fehler gemacht, sind gescheitert. NIEMAND kann leben, ohne zu scheitern. Auch wenn wir vielleicht davon träumen. Wir alle werden immer mal wieder hinfallen. Und das ist gut so.

Glaub mir, ich bin nicht nur ein oder zwei Mal hart gefallen, sondern 200 Mal! Da waren ein paar richtig schwere Stürze dabei. Und glaubst du etwa, ich hätte nie Fehler gemacht? Das sieht vielleicht so aus. Weil du meine Erfolge siehst, weil du den Applaus hörst, den ich bekomme. Und ja, für meine Erfolge lasse ich mich feiern. Sie sind hart erarbeitete, aber im Vergleich nur kurze Momente. Was glaubst du, woher ich den Applaus bekomme, wenn ich nicht auf der Bühne stehe? Ich muss mir selbst applaudieren (was ich tue. Wenn ich was Tolles mache, etwas erledigt habe, etwas erreicht habe, dann applaudiere ich mir und bin stolz auf mich).

Lass mich dir sagen, Fehler zu machen, ist keine Schande. Scheitern ist keine Schande. Wichtig ist nur, wieder aufzustehen, weiterzumachen. UND nicht zu bereuen! Denn Reue kann dich zerstören – du hängst fest, und alles dreht sich darum, was passiert ist, was du sowieso nicht mehr ändern kannst. Deswegen verzeih dir, dass du einen Fehler gemacht hast, zum Beispiel den falschen Typen geliebt hast. Vergiss nie, dass jeder schon mal gescheitert ist, weil Scheitern nun mal zum Leben gehört. Vertrau darauf, deine Verletzungen werden heilen. Nur bitte, bereu deine Beziehung nicht. Ja, du hättest dich früher trennen sollen. Gleich beim ersten Betrug hättest du STOPP sagen müssen. Hast du aber nicht. Und das ist vollkommen okay.

Triff dafür jetzt die richtige Entscheidung – geh weiter. Schau nicht zurück, sondern nach vorne. Denn wenn du die richtigen Entscheidungen triffst, wird es ein *happy end* für dich geben.

Wenn du aber nicht bereit bist, dir deine Fehler einzugestehen und zu akzeptieren, und deswegen die falschen Entscheidungen triffst, baust du dir selbst ein Gefängnis. Versagen, sich bemitleiden, hinfallen, verunsichert sein und dann trotzdem wieder aufstehen und weitermachen, das alles gehört zum Prozess. Der dauert. Er beschäftigt dich. Er ist dein Wegbegleiter, der dir hilft, dich weiterzuentwickeln. Zu lernen. Das nächste Level zu erreichen. Dabei kommt es natürlich auf dich selbst an. Siehst du das Glas halb voll oder halb leer? Ich sehe immer die volle Flasche, die komplette Quelle!

Denk jetzt bitte nicht, dass ich mich auf jeden Fehler oder jedes Scheitern oder auf jedes Problem oder jede Enttäuschung freue. Nein, bestimmt nicht. Aber sie gehören nun mal zum Leben. Die meisten Menschen haben Angst vor dieser Erkenntnis, können es nicht akzeptieren. Ich dagegen finde es gut, wenn ich mich in etwas oder jemandem getäuscht habe und dann endlich Ende ist. Du findest, ENDE hat einen negativen Klang, weil etwas Schönes vorbei ist? Ladys, was ist denn mit all den hässlichen und schrecklichen Sachen? Dem Betrug? Den Lügen? Den Verletzungen, Demütigungen, dem Schmerz, den Kompromissen, der Langeweile? Es ist doch gut, wenn all das endlich ein Ende hat und was Neues beginnen kann.

Glaub mir, ich habe viele heftige Schellen im Leben bekommen und ich wollte keine von ihnen. Aber nach einer Weile war ich IMMER froh und erleichtert, dass es zu Ende war. Die Frage ist natürlich, warum habe ich so viele harte Enttäuschungen wegstecken müssen? Ich kann es dir sagen. Ich war zu dumm oder naiv oder gutgläubig, es vorher zu kapieren. Deswegen habe ich immer wieder die gleichen Fehler gemacht. Es war ja nicht so, dass ich gesagt hätte, *ich kenne die Wahrheit, aber ich will sie nicht sehen.* Oder *ich weiß, dass es eine Lüge ist, aber ich will nicht darüber nachdenken.* Nein, nein, nein. So war das nicht bei mir. Ich habe es einfach nicht erkannt. Ich konnte die Wahrheit nicht sehen. Weil ich meine Lektionen noch nicht gelernt, weil ich noch nicht verstanden hatte, was Gott mir sagen wollte. Heute weiß ich, wenn uns immer und immer wieder das Gleiche passiert, dann, weil wir es noch nicht begriffen haben. Deswegen fallen wir immer wieder auf den gleichen Typ Mann rein, führen immer wieder eine toxische Beziehung, in der wir leiden und anschließend krass Liebeskummer haben.

Dabei schickt uns Gott nicht noch mal den Menschen, der uns gekränkt, verletzt, belogen, bestohlen oder verraten hat, damit wir ihm eine zweite Chance geben. Und Gott schickt dir auch keinen anderen Menschen, der dich kränkt, verletzt, belügt, bestiehlt oder verrät, damit du wieder nicht richtig hinschaust. Nein. Gott prüft dich, ob du noch immer dumm oder naiv oder gutgläubig bist, erneut auf so einen Menschen reinzufallen. Was du lernen sollst: Lass dich kein zweites oder drittes Mal kränken, verletzen, belügen, bestehlen und verraten. Es geht darum, sich nicht schon wieder selbst zu verraten und eine toxische Beziehung zu führen oder schon wieder Freundschaften einzugehen, bei denen du ausgenutzt wirst. Es geht darum, deine Fehler zu erkennen – und sie nicht zu wiederholen.

Du fragst, wie du diese Fehler vermeiden kannst? Wie du dich davor schützt, erneut zu scheitern? Die Antwort ist NEIN. Du sagst NEIN zu dem Menschen, drehst dich um und gehst weiter. OHNE Erklärung. Denn du hast aus deinen Fehlern gelernt. Im Rückblick habe ich so viel verstanden. Deswegen bin ich auch so dankbar für die Lektion namens »Sie ist nur eine Freundin« von meinem Ex-Freund. Es ist wahr, diese Frau hat das Schlechteste aus mir herausgeholt. *Fucking* vier Jahre lang hat sie mich sehr beeinflusst, und ich gebe zu, ich habe sie gehasst. Ich habe mich lustig über sie gemacht, ihr abwertende Namen gegeben, gegen sie gestichelt. Ich habe alles getan, damit diese Frau endlich verschwindet. Denn durch sie hatte ich das Gefühl, dass es zwei Klassen von Frauen gibt: Die einen sind es wert, geliebt zu werden, die anderen nicht. Aber das ist vollkommen falsch! In meiner Geschichte war keine von uns die *bitch*. Keine von uns war böse. Der einzige Fehler war, dass wir beide auf denselben Typen reingefallen sind.

Deswegen rate ich dir, wenn du auch so eine vermeintliche Rivalin hast – konzentriere dich nicht auf sie. Konzentriere dich auf deinen Freund, auf dieses Arschloch, der ein doppeltes Spiel spielt, der euch beide hinhält – und triff eine gute Entscheidung für DICH. Du und die andere, ihr müsst keine Freundinnen werden. Aber ihr müsst auch keine Feindinnen sein. Aber sie hilft dir, eine Entwicklung durchzumachen. Du wirst dich verändern – zum Besseren. Und irgendwann wirst du den richtigen Typen treffen. Der dich respektiert und nur dich liebt. Denn JEDE Frau hat es verdient, geliebt zu werden, die einzige Frau an seiner Seite zu sein!

Wie ging dieses Drama nun für mich aus? Sehr gut! Dank Larry. Larry hat mir ein *happy end* geschenkt und ich werde dir unsere Geschichte erzählen. Es begann damit, dass ich anfing, über meine Fehler nachzudenken. Ich wollte daraus lernen und mich nicht länger selbst belügen. Was bedeutet hat, meine Komfortzone zu verlassen. Das habe ich getan. Ich habe auf mein Bedürfnis gehört und belohnt wurde ich mit Larry. Der Gedanke an unsere Story macht mich immer noch glücklich. Denn sie hat mir gezeigt, wie stark ich bin. Wie unabhängig von anderen. Damals war mir alles zu viel, ich hatte mich komplett von allen zurückgezogen, mich nur auf mich konzentriert und so mit meinem Heilungsprozess begonnen.

Diese allererste Soloreise gehörte zu meinem Plan, wieder gesund zu werden. Ich war vorher noch NIE alleine im Urlaub gewesen – alleine mit mir, mit meinen Koffern, mit meiner Angst. Nicht zu wissen, was ich, so auf mich gestellt, im Urlaub tun würde, war eine echte Herausforderung. Alleine zu verreisen, war also die erste Hürde für mich. Zumal ich tierische Flugangst hatte. Deswegen bin ich normalerweise immer mit jemandem geflogen, der mich von dieser Angst abgelenkt, mir Mut zugesprochen hat. Aber ich wollte unbedingt über meine Grenzen gehen, also habe ich den Mut aufgebracht, ohne Begleitung ein Flugzeug zu besteigen. Auch wenn ich nichts anderes denken konnte als: *Wir werden abstürzen. Wenn ich nicht auf dem Platz sitze, den ich gebucht habe, oder mein Gepäck nicht direkt über meinem Kopf in die Ablage passt, werden wir ins Meer stürzen und alle sterben.* Diese Angst hat meinen kompletten Körper verkrampfen lassen. Überraschung! Gar nichts ist schiefgegangen. Mein Gepäck war sicher im Fach über meinem Sitz verstaut, ich saß auf dem Platz, den ich gebucht hatte. UND wir sind nicht über dem Meer abgestürzt, sondern ganz entspannt gelandet.

Ich hatte es geschafft!

Weil ich niemandem erzählt hatte, dass ich nach Dubai komme, wartete auch niemand auf mich. Was gut war, denn ich brauchte Ruhe, wollte mit mir alleine sein. Aber schon am zweiten Tag habe ich Larry kennengelernt. Oh ja, Larry war sehr, sehr besonders. Als ich ihn gesehen habe, wusste ich sofort, was ich tun muss. Ohne nachzudenken, habe ich ihn gerettet. Befreit aus diesem kleinen, ekelhaft verschimmelten Karton mit gammligem Streu in diesem kleinen, überhitzten Drecksladen. Mein Impuls war: Diese Schildkröte darf nicht hierbleiben. Sie wird krepieren. Ohne mit dem schmierigen Verkäufer über den unverschämten Preis zu handeln, habe ich Larry die Freiheit erkauft. Ohne zu wissen, was so eine Landschildkröte überhaupt braucht. Aber ich habe recherchiert und dann eine Kiste besorgt, frisches Streu, einen Kopfsalat und eine Schüssel, aus der Larry trinken konnte.

Vor mir lagen noch zehn Tage in Dubai, und ich habe mich gefragt, was mache ich denn jetzt mit dem Kleinen? *Guess what.* Schon am nächsten Tag habe ich das perfekte Schildkrötenparadies für Larry gefunden. Damit gab es ein *happy end* für ihn. Und für mich. Ich saß alleine im warmen Sand, es wehte ein leiser Wind und streichelte mich. Ich sah Larry zu, wie er erst still im Sand saß und dann losmarschierte. Für einen Moment schloss ich die Augen, roch das Meer, hörte es rauschen. Innerlich war ich ganz still. Dann öffnete ich die Augen, sah Larry, der wieder zurückkam, schaute den Wellen zu, die auf den Strand zurollten und sich wieder zurückzogen. Ich fühlte mich frei. Und mir wurde klar, dass Larry mich an mich selbst erinnert hatte. Dass dieser kleine, verschimmelte Karton ein Symbol dafür war, wo ich mich befunden hatte. Ich hatte mich, meinen Kummer, meinen eigenen traurigen, hilflosen Zustand gesehen.

Und das ist die wunderbare Erkenntnis aus der Sache mit Larry: Egal, wie dunkel dir dein gegenwärtiger Ort vorkommt, wie hoffnungslos er dir erscheint, wie traurig die Situation auch ist, die Zeit bringt uns an einen anderen Ort. Und das, was so schlimm ist, wird vorübergehen.

Da saß ich also in Dubai am Strand, befand mich mitten in meinem Heilungsprozess, weil ich mutig das Flugzeug bestiegen hatte. Ich war einer fiesen Situation entflohen, die mich krank gemacht hatte, an der ich beinahe krepiert wäre. Ich hatte in einem Gefängnis gesteckt. Der einzige Unterschied zwischen Larry in seiner verschimmelten Box und mir war: Ich brauchte keine Hilfe, um mich aus meinem Gefängnis zu befreien. Weil mein Überlebenswille größer ist als jeder krasse Scheiß. Ich habe mich selbst gerettet. Symbolisch durch Larry, den ich in die Freiheit entlassen habe. Durch ihn habe ich auch mir ein neues Leben geschenkt. Denn ich habe mich von meinen alten Mustern verabschiedet. Weil ich aus meinen Fehlern gelernt und aus meinem Scheitern das Beste gemacht habe. Weil ich mutig war. Denn Mut wird belohnt – immer. Und es macht so viel Spaß, mutig zu sein und etwas zu verändern. Wenn du mich fragst, was das Mutigste ist, was ich je im Leben für mich getan habe: Ich habe nicht aufgegeben, als ich nicht mehr konnte und aufgeben wollte.

Drei Herzen im Kampf, doch nur eins wird wirklich HEILEN.

13.
BIG GIRLS DON'T CRY

Obwohl Yara und Ben Zwillinge sind, könnten sie nicht unterschiedlicher sein. Ben ist ein Draufgänger, mutig, sportlich und sieht toll aus mit seinen dunklen Locken und dem strahlenden Lächeln. Dagegen ist Yara eher unscheinbar, unsportlich und schüchtern. Während der Schulzeit wird der Unterschied für Yara beinahe unerträglich. Denn Ben ist sportlich, witzig, sehr beliebt, hat viele Freunde und alle Mädchen sind in ihn verliebt. Dagegen ist Yara schüchtern, kein klassisches It-Girl, sondern vielmehr eine Außenseiterin. Niemand will mit ihr befreundet sein, sondern nur über sie an Ben herankommen. Als Jasin neu in Yaras Klasse kommt, sind alle Mädchen augenblicklich verknallt in ihn. Er aber scheint sich nur für Yara zu interessieren. Yara kann ihr Glück nicht fassen, kann nicht glauben, wie nett Jasin zu ihr ist. Sie verliebt sich in ihn, lässt sich sogar von ihm küssen. Am nächsten Tag behauptet Jasin schreckliche Dinge über Yara und sie gilt plötzlich in der ganzen Schule als Schlampe. Alle verhöhnen und verspotten sie. Jasin will nichts mehr mit ihr zu tun haben. Natürlich erfährt auch Ben davon. Und will von Yara die Wahrheit wissen. Unter Tränen gesteht sie, wie Jasin sie belogen und ihr was vorgespielt hat. Sie will nicht mehr zur Schule, zu tief ist sie gedemütigt. Aber Ben knöpft sich Jasin vor, stellt ihn zur Rede. Und sorgt dafür, dass der sich bei Yara entschuldigen muss.

Ich fühle so mit Yara. Denn auch ich war in der Schule eine Außenseiterin. Wie oft hatte ich das Gefühl, dass die ganze Welt gegen mich ist. Die Liebe und der Schutz meiner großen Schwester hat mich immer wieder gerettet. All ihr Yaras, auch wenn ihr keine Freundin habt, keinen Bruder und keine Schwester, die euch beschützen, erlaubt keinem Bastard, euch zu demütigen! Ihr seid stark! Ihr seid toll, so wie ihr seid. Lasst euch nicht anmerken, wenn euch jemand verletzt. Seid stolz auf euch. *Big girls don't cry.*

Immer wenn ich diesen Song höre, der so fröhlich klingt, denke ich daran, dass große Mädchen natürlich trotzdem weinen. Nur sieht es niemand. Auch ich habe schon so viele Tränen vergossen in meinem Leben. Es gab so viele Verluste, so viel Schmerz, so viele Enttäuschungen, so viele Demütigungen und Kränkungen. Sie alle haben mich zum Weinen gebracht – und sie alle haben mich stärker gemacht. Nur deswegen bin ich heute die, die ich bin. Selbstbewusst, klar und stark. (Laut war ich ja schon immer.) Wobei die private Senna tatsächlich ruhig ist und es auch lieber ruhig mag.

Selbstbewusst war ich schon als Kind – wenn ich mich sicher gefühlt habe. Ich habe mir meine eigene Welt gebaut. Hinter dem Sofa im Wohnzimmer, mit einer Decke. Dort habe ich mit meinen Puppen gespielt. Wenn ich draußen war, habe ich stundenlang Schmetterlinge und Vögel beobachtet. Manchmal verirrte sich ein Schmetterling durch das geöffnete Wohnzimmerfenster. Dann war ich glücklich. Für mich war das ein Freund, der mich besuchen kam. Denn mein größter Traum war damals, ein eigenes Haustier zu haben. Dafür habe ich mein Taschengeld gespart. Eines Tages war es genug und ich konnte einen Hasen von einer Mitschülerin kaufen. Leider ist er nicht sehr alt geworden. Aber er war mein erstes Haustier.

So extrovertiert und fröhlich ich zuhause war, weil ich mich sicher und geschützt fühlte, so introvertiert und unsicher war ich in der Schule. Immer hatte ich das Gefühl, die anderen Kinder mögen mich nicht. Leider war es nicht nur ein Gefühl. Denn weil ich unsicher war, haben die Kinder mich gemieden. In der ersten

Klasse war es besonders schlimm. Ich war die typische Außenseiterin, wurde von den anderen gehänselt. Es war nicht nur wegen meiner großen Nase und weil ich mit meinen kurzen Haaren wie ein Junge aussah. Ich war damals eine der wenigen, die dunkelhäutig waren, schwarze Augen und schwarze Haare hatten. Man hat mich *kleine Inderin* genannt. Was mich gekränkt hat, schließlich bin ich in Deutschland geboren! Ich mag Indien. Aber mein Vater war aus Algerien, meine Mutter stammt aus Marokko – und nicht aus Indien. Wie dumm diese Kinder waren. Aber natürlich habe ich das nie laut gesagt. Auch über meinen Namen haben sie sich lustig gemacht und mich »Senna-Penner« gerufen. Auch wenn ich damals nicht wusste, was ein Penner ist. Es klang in meinen Ohren furchtbar beleidigend. Ich finde es nicht mal als erwachsene Frau witzig. Damals als Kind war es ganz schrecklich. Ich fühlte mich ausgegrenzt – und das wurde ich. Jeden Tag haben meine Mitschüler mich spüren lassen, dass ich nicht zu ihnen gehörte, dass ich anders war als sie. Keiner wollte in den Pausen mit mir spielen.

Am schlimmsten war es im Sportunterricht, wenn zum Beispiel Völkerball gespielt wurde. Erinnerst du dich auch noch an dieses Gefühl? Ich war nicht sportlich und habe deswegen den Unterricht nicht gemocht. Sogar in der Erinnerung ist es noch schrecklich, wenn du dastehst und so hart hoffst, dass du in die Mannschaft gewählt wirst, obwohl du genau weißt, dass dich niemand haben will. Weil du unsportlich bist. Weil sie deine Nase nicht mögen. Weil du keine Markenklamotten trägst. Es gibt so viele Gründe, nicht gemocht zu werden, und Kinder können so grausam sein. Am Ende bist du in der Mannschaft, die dich nehmen MUSS, weil du halt übrig geblieben bist.

Ich war ein schlaues Kind, wirklich. Aber irgendwann hatte ich keinen Bock mehr, in die Schule zu gehen. Denn ich wurde reduziert auf das arme Ausländermädchen, das kein cooles Mäppchen mit fünf Fächern und jeder Menge Bunt-, Filz- und Bleistifte, keinen Markenrucksack hatte. Natürlich hatte ich wie alle anderen auch ein Freundschaftsheftchen. Aber ich hatte kein Geld für bunte Glanzbildchen, die ich so geliebt habe. Niemand wollte, dass ich etwas in sein Freundschaftsbuch schrieb. Und deswegen blieb auch meines leer. Das war so traurig.

Erst viel später konnte ich den Satz meiner Mum verstehen, die immer gesagt hat: »Wir investieren unser Geld besser.« Wir waren nicht arm oder haben in einer sozial schwachen Gegend gewohnt. Aber meine Mutter hat sehr auf das Geld geachtet, für das sie rund um die Uhr gearbeitet hat, um uns vier Kinder großzuziehen. Und natürlich musste ich die Sachen meiner älteren Schwester auftragen und meine jüngere Schwester musste meine Sachen auftragen. Das war normal. Genauso, dass meine Mutter uns drei Mädchen und unseren Bruder in eine Reihe gestellt und die Haare geschnitten hat. Bei mir war es gefühlt immer schief. Ich meine, wir waren Kinder, was braucht es da einen teuren Friseurbesuch? Irgendwann Ende der 1980er war ja *Vokuhila* (vorne kurz, hinten lang) total angesagt. Für diesen stachligen Igel-Look auf dem Kopf brauchtest du aber Haarspray. Oder eben – umweltfreundlich und billiger – Zitronensaft. (Natürlich habe ich kein Haarspray benutzt, sondern schon damals was für das Klima getan.)

Wenn ich an meine Kindheit zurückdenke, dann kann ich sagen, ich hatte nicht viel – aber ich hatte alles. Meine Mum, meinen Fels in der Brandung. Meine zwei Jahre ältere Schwester, die meine beste Freundin war. Sie und ich haben den gleichen Herzschlag. Dazu meine kleine Schwester und meinen Bruder. Ich liebe alle meine Geschwister. Wir sind aus einem Bauch. Wir haben einen gemeinsamen Ort, der nur uns gehört. Und das verbindet uns, auch wenn wir heute nicht mehr so eng miteinander sind, getrennte Leben führen. Später adoptierte meine Mutter noch eine Cousine aus Marokko, die im gleichen Alter wie meine ältere Schwester ist. Unsere Wohnung war zu klein für uns alle, deswegen hatte ich kein eigenes Zimmer, sondern nur eine Kammer. Geschlafen habe ich im Wohnzimmer auf einer Matratze. Ja, ich hatte keine Privatsphäre. Aber zuhause war ich trotzdem ein glückliches Kind.

Ich denke nicht oft an meine Grundschulzeit, als die anderen Kinder aus meiner Klasse mir das Leben zur Hölle gemacht haben. So sehr, dass ich die Schule irgendwann nicht mehr gemocht habe. Ich denke auch nur ungern daran, wie sie meine Mama beleidigt haben, weil sie ein Kopftuch getragen hat (und immer noch trägt). Wie ich gehänselt wurde, weil wir halt viel Knoblauch gegessen haben. (Man hat mich gerochen, bevor man mich gesehen hat.) Woran ich mich auch nicht gerne erinnere: Irgendwann habe ich mich sogar für meinen wunderschönen Namen geschämt. Dabei bedeutet Senna WÜRDE und gleichzeitig auch DAS HELLSTE LICHT. Aber niemand konnte meinen Nachname richtig aussprechen. Sie haben ihn regelrecht verstümmelt. Kein Kind sollte sich jemals für seinen Namen schämen müssen! Niemals. Wenn du so jung bist, ist dein Name das, womit du dich identifizierst. Deine Eltern heißen so, deine Geschwister. Und wenn du dann beleidigt wirst, beleidigen sie deine Familie. Das ist hart für ein Kind.

Trotzdem – NIE habe ich in der Schule geweint! Was auch daran lag, dass ich ja meine ältere Schwester hatte. Während meiner Schulzeit hat sie mich beschützt, wir waren sehr eng, haben viel miteinander gespielt. Nur später, als das mit der Pubertät losging und unsere Cousine bei uns wohnte, war es eine Zeitlang schwierig. Denn als 16-Jährige wollte meine Schwester mich natürlich nicht immer mitnehmen, schließlich bin ich zwei Jahre jünger. Da hat sie lieber mit unserer Cousine abgehangen. Ich war also außen vor. Es war schrecklich – es fühlte sich an, als hätte ich meine beste Freundin verloren. Aber ein, zwei Jahre später hat es dann wieder gepasst.

Und im letzten Jahr an der Grundschule habe ich dann endlich auch jemanden gefunden, der mich mochte, der mit mir befreundet sein wollte. Bahar. Sie wurde meine beste Freundin. Wir alle kennen ja diese Mädchen, die einfach unfassbar schön sind, mit tollen Haaren, einem tollen Style und einem supersüßen Lächeln. So ein Mädchen war meine Freundin Bahar. Sie sah ein bisschen aus wie Paula Abdul. Es war eine tolle Zeit, weil Bahar eine tolle, eine wahre Freundin war. Jeden Abend haben wir uns gegenseitig angerufen und so wichtige Fragen geklärt wie »Was ziehst du morgen an?« Der komplette Teenie-Shit. Aber sie sah nicht nur toll aus und war ein loyaler, treuer Mensch, sie hatte auch noch ziemlich gute Noten.

Ihr könnt euch vorstellen, dass alle Jungs auf sie standen und alle Mädchen sie bewundert haben. Ehrlich gesagt, jeder wollte mit ihr befreundet sein. Aber sie war mit mir befreundet. So viele haben mich darum beneidet. Was ein einziges Mal sogar lebensgefährlich für mich wurde. Es hätte so furchtbar enden können. Gott hat mich vor dem Schlimmsten beschützt und am Ende bin ich buchstäblich mit einem blauen Auge davongekommen. Es passierte in einer Fünf-Minuten-Pause. Ich musste vom ersten Stock ins Erdgeschoss, um zum Chemieraum zu kommen. Es ging alles so schnell. Plötzlich spürte ich einen Tritt in den Rücken und schon knallte ich die Treppen runter. Keine Ahnung, ob ich geschrien habe. Es war der totale Schock. Ich lag am Boden, und die beiden Mädchen, die supereifersüchtig auf meine Freundschaft mit Bahar waren, haben noch nach mir getreten. Das alles hat nur Sekunden gedauert, aber mir kam es wie eine Ewigkeit vor. So viel Schreck, so viel Angst.

In meinem ganzen Leben habe ich mich noch NIE geprügelt. Ich bin kein gewaltbereiter Mensch! Ich schlage die Menschen immer mit meinen Worten, nie mit meinen Fäusten. Natürlich bin ich dann nicht zum Chemieunterricht. Ich weiß nicht mehr genau, wie ich überhaupt nach Hause gekommen bin. Auf keinen Fall wollte ich meiner Mum oder meiner älteren Schwester von der Sache erzählen. Aber die musste nur mein geschwollenes blaues Auge sehen. Da hat sie sofort gewusst, was passiert ist. *Guess what.* Mit einem Baseballschläger ist sie in die Schule gegangen. Dazu muss man wissen, dass meine Schwester und ich uns verdammt ähnlich sahen. Sie stürmt also bewaffnet in die Schule und trifft ausgerechnet wen? Den Schulleiter Herrn Cech! Der hat meine Schwester natürlich mit mir verwechselt. »Hast du nicht jetzt Chemie?«, hat er gefragt und wollte wissen, warum sie mit einem Baseballschläger über die Gänge geht. Und meine Schwester hat geantwortet: »Ja, habe ich. Aber ich führe gerade ein Experiment durch.« Sie hat dann die beiden Mädchen gefunden – und zur Rede gestellt. OHNE dass der Baseballschläger zum Einsatz kam. Was meine Schwester geschafft hat: Die beiden mussten sich bei mir entschuldigen. Ich war so glücklich und meiner Schwester so dankbar, dass sie das für mich getan hat. Dass sie mich verteidigt hat. Es ist so wertvoll, wenn du jemanden hast, der sich vor dich stellt, der dich beschützt.

Big girls don't cry. Wir großen Mädchen bitten um Hilfe, wenn wir uns schwach fühlen. Denn es ist keine Schande, um Hilfe zu bitten, sondern ein Zeichen von Stärke. Meine Schwester hat mir damals klargemacht, dass ich in schwachen Momenten nicht alleine sein muss und dass es gut und richtig ist, um Hilfe zu bitten. Meine ältere Schwester steht zu mir, vor mir, hinter mir. Bis heute.

Danke, Dunia, dass ich deine Schwester sein darf.

Tränen mögen fallen, aber aus den Tränen erwächst die Stärke einer KRIEGERIN.

14.
VERGEBUNG

Sabrina und Tommy sind zusammen zur Schule gegangen. Jahre später treffen sie sich zufällig auf einer Hochzeit wieder. Sabrina fängt den Brautstrauß und Tommy ist verzaubert von ihr. Obwohl er eine Freundin hat, versucht er, während der Feier mit Sabrina zu flirten. Eine *red flag* für sie. Ein paar Tage nach der Hochzeit bekommt Sabrina an ihrem Arbeitsplatz Besuch von Tommy. Er behauptet, sich von seiner Freundin getrennt zu haben. Witzig und charmant beginnt er, Sabrina zu umwerben, und entpuppt sich als Gentleman. Sie verliebt sich unsterblich in ihn und träumt schon bald von Hochzeit. Da taucht Tommys Ex-Freundin auf und behauptet, immer noch mit ihm zusammen zu sein. Tommy schwört, seine Ex lügt! Weil Sabrina ihn abgöttisch liebt, vertraut sie ihm. Sie ignoriert sämtliche Alarmglocken, akzeptiert sogar seine Bitte, sich erst mal nicht mehr gemeinsam in der Öffentlichkeit zeigen, bis seine Ex sich beruhigt hat. Und ein Jahr später? Trennung statt Hochzeit, denn Tommy ist zurück zu seiner Ex. Von der er sich nie wirklich getrennt hat.

Alle quatschen immer davon, dass man dem Täter vergeben muss. Sabrina soll Tommy vergeben? Obwohl er ihr das Herz gebrochen hat? Für mich ergibt das keinen Sinn. Wie soll ich jemandem vergeben, der mich so verletzt hat? Nein, das kann ich nicht. Früher habe ich geglaubt, ich hätte zu viel Liebe, zu viele Chancen gegeben, zu viel vertraut. Weil ich es gut haben, weil ich eine glückliche Beziehung wollte. Denn wenn ich liebe, gebe ich immer 100 Prozent. Was ich gegeben habe, hat aber nie gereicht. Ich wurde betrogen, belogen, ausgenutzt. Also habe ich geglaubt, selbst schuld daran zu sein, dass der Mann mich verlassen hat. Sind wir doch mal ehrlich, wir fühlen uns IMMER schuldig, wenn er Schluss macht. Selbst wenn dir die ganze Welt sagt, es ist nicht deine Schuld, beharrst du darauf, dass DU nicht genug gegeben, ihn nicht genug geliebt, ihn nicht genug respektiert, ihm nicht genug Aufmerksamkeit geschenkt hast. Und wenn du richtig krass schräg drauf bist, fragst dich dann vielleicht auch noch, ob du zu stark warst. Bullshit! Wir Frauen suchen immer die Schuld bei uns – und das ist FALSCH! Deswegen stopp damit! Sofort.

Du fragst dich, warum wir das tun? Warum wir immer die ganze Verantwortung dafür übernehmen, wenn unsere Beziehung scheitert? Weil die meisten von uns so erzogen wurden, dass wir dem Mann alles geben müssen, damit er sich wohl fühlt; dass wir verantwortlich für die Harmonie in unserer Beziehung sind. Wenn es dann aber trotzdem auseinandergeht, wird uns eingetrichtert, dass einzig und alleine WIR schuld am Scheitern sind. Weil wir von allem zu viel wollten. Weil wir ihn mit unseren Wünschen unter Druck gesetzt haben. Weil wir nicht genug für ihn getan haben. All dieser Bullshit. Es gehören IMMER zwei zu einer Beziehung. Und wenn sie nicht funktioniert, hat nie nur einer Schuld. Beide tragen die Verantwortung! Ich habe lange darüber nachgedacht, und dann ist mir klar geworden, wie falsch unser Denken ist. Ich meine, wenn ich dich frage, ob du mir schnell drei negative Seiten an dir aufzählen kannst, dann wirst du sofort antworten. Wenn ich dich bitte, zähl mir drei positive Seiten an dir auf, dann musst du erst darüber nachdenken. Richtig? So werden wir erzogen – und es wird uns als Bescheidenheit verkauft. *Again:* Bullshit.

Warum loben vor allem wir Frauen uns nicht? Warum sagen wir nicht, dass wir uns toll finden, dass wir stolz auf uns sind?

Weil wer sich mag und lobt und stolz auf sich ist, gilt als arrogant. Ganz ehrlich? Mir scheißegal! Ich mag mich und ich bin stolz auf mich, und ich lobe mich, wenn ich etwas Tolles gemacht habe. Warum auch nicht? Es ist nicht arrogant, nur selbstbewusst. Und deswegen sage ich dir, bevor ich irgendjemandem vergebe, vergebe ich erst mal mir! Dem anderen zu vergeben, ist wie mit *season* sechs anzufangen – dabei fängt es ja bei *season* eins an. Und wer ist *season* eins? Richtig! DU bist *season* eins.

Und wenn wir über das Vergeben reden, müssen wir erst mal ein paar Dinge klären. Bevor du dir nämlich selbst vergeben kannst, finde erst einmal heraus, warum du dich verhältst, wie du dich verhältst. Warum du handelst und entscheidest, wie du handelst und entscheidest. Und vor allem, warum du fühlst, was du fühlst. Warum du das alles so lange zugelassen hast. Klingt kompliziert? Oh, nein. Das ist nicht kompliziert. Es ist anstrengend. Denn du musst dich einzig und alleine mit DIR auseinandersetzen. Und dafür brauchst du was? Richtig. ZEIT. Du brauchst Zeit und noch mehr brauchst du Geduld, um über diese wichtigen Fragen in Ruhe nachzudenken. Wenn du dann die Antworten hast, kann dein Herz heilen. Dann kannst du DIR vergeben für das, was du im Rückblick als Fehler erkannt hast.

Sich all diese Fragen zu stellen und die Antworten zu suchen und zu finden, ist ein Prozess, der unterschiedlich lange dauert. Als ich diesen Prozess begonnen habe, wusste ich noch nicht, wie lange ich mich damit auseinandersetzen würde. Ehrlich? Es war mir auch vollkommen egal. Denn ich wollte Antworten! Während dieser Zeit habe ich gleichzeitig begonnen, mich abzugrenzen, MEINE Grenzen aufzubauen. Grenzen sind nichts Negatives. Grenzen sind was Supertolles. Du schützt dich damit nicht vor Verletzungen, sondern dein Gegenüber weiß, wie weit er bei dir gehen darf. Wenn du das erste Mal jemandem eine Grenze aufgezeigt hast, merkst du erst mal, was du geschafft hast – und welchen Wert du hast. Wie toll du bist. Und dann ist es so viel leichter zu erkennen, dass es einfach nicht zusammengepasst hat, mit dir und dem Typen. Die wichtigste Erkenntnis wird sein: Es hat nicht an dir gelegen und du bist auch nicht schuld. Es hat einfach nur nicht zu dir gepasst. Du hast was anderes verdient – nämlich jemanden, der zu dir passt.

Es ist wichtig, zu akzeptieren, dass es so war, wie es war, und jetzt ist, wie es ist. Durch diesen Prozess beginnst du, DIR zu vergeben. Denn alles, was du an Schmerz erleidest, jede Enttäuschung, die du verarbeiten musst, bringt dich immer näher zu dir selbst. Und deswegen ist es gut, was dir passiert. ALLES! Auch wenn du es in dem Moment vielleicht nicht sehen kannst. Wenn du begriffen hast, wie wertvoll du bist, dann kannst du dir ganz leicht deine »Fehler« vergeben. Es ist ja genau genommen kein Fehler, sondern lediglich eine falsche Entscheidung, die du getroffen hast. Das passiert nun mal. Du wirst begreifen, dass das, was du dem anderen geschenkt hast, toll war – auch wenn er es nicht wertgeschätzt hat. Wenn du dir selbst vergeben kannst, befreit dich das von deinen Selbstzweifeln und Schuldgefühlen. Und wenn du dann dem »Täter« irgendwann begegnest, dann fühlst du dich stark und weißt, dass DU entscheiden darfst, ob du ihm vergeben möchtest – oder ob er dir scheißegal ist. Niemand kann dich zwingen, dem Typen zu vergeben, der dir so viele Schmerzen zugefügt hat!

Was Sabrina also braucht, ist genügend Zeit, um sich darüber klarzuwerden, was passiert ist, was Tommy getan hat und wie sie damit umgehen will. SIE entscheidet, ob und wann sie ihm vergeben wird für die Demütigung – oder nicht. Erinnerst du dich, was ich über Reue gesagt habe? Reue ist das schlimmste und überflüssigste Gefühl. Denn du kannst nicht ändern, was passiert ist. Natürlich habe auch ich noch manchmal den Gedanken: *Ich bereue es, mit der oder dem befreundet gewesen zu sein.* Aber dann schaue ich mein Leben an und denke: *Nee, ich bin doch erfolgreich, ich habe Lebenserfahrung gewonnen. Ich habe so viel Positi-*

ves erfahren durch diesen Schmerz. Ich bin ein glücklicher Mensch. Und das, liebe Tulpen, das ist doch unser Ziel, glücklich zu sein. Glaubt mir, sich selbst zu vergeben, ist so befreiend. Denn wenn du dir selbst vergibst, dann stehst du zu dir. Zu dir und deinen Gefühlen. Du zeigst, was für ein starker Mensch du bist. Und du wirst immer stärker. Das verspreche ich aus tiefstem Herzen. Sich selbst zu vergeben, macht uns frei und unabhängig von der Meinung anderer.

Weißt du, wie oft in meinem Leben aus einem Freund ein Feind wurde? Wie oft ich gedacht habe, dass ich dieser Person nicht vergeben werde? NIEMALS! Falsch gedacht. Denn dann habe ich die Person getroffen, sie hat »Hallo« gesagt oder ich habe »Hallo« gesagt – ohne irgendeine Emotion. Kein Stich im Magen oder im Herzen, nichts. Es wäre kein Unterschied gewesen, wenn ein Baum »Hallo« gesagt hätte. Weil ich so entspannt war, ohne gute oder schlechte Gefühle, wusste ich auch, ich muss nicht vergeben. Und das Beste, ich hatte keine Schuldgefühle. Ich war frei! Ein tolles Gefühl!

Neulich bin ich einer Person begegnet, die mal meine Freundin war, bevor sie mich verraten hat. Damals habe ich mich gefragt, *warum behandelt sie mich so, was habe ich ihr getan*? Damals habe ich die Schuld bei mir gesucht, in meinem Verhalten. Nach sieben Jahren also sehe ich sie zufällig auf der Straße. Ich hatte schon jahrelang nicht mehr an sie gedacht, da steht sie plötzlich neben mir an der Ampel. *Guess what.* ICH habe sie freundlich gegrüßt. Und dann habe ich ihr gesagt, wie hässlich, wie unfair, wie respektlos ihr Verhalten damals mir gegenüber war. Höflich, klar und deutlich. Sie hat ihr Verhalten von damals versucht zu erklären. Hat ihre Sicht der Dinge erzählt. Aber habe ich ihr deswegen ihre Lügen verziehen? Oder dass sie schlecht über mich gesprochen hat? Nein. Aber ich habe bei diesem zufälligen Treffen gemerkt, wie sehr ich mich entwickelt habe. Wie souverän ich mit solchen Situationen inzwischen umgehen kann. Das fühlt sich sehr, sehr gut an. Damit ist die Sache für mich abgeschlossen – und ich habe mein *happy end.*

Die Wahrheit ist nämlich, es geht überhaupt nicht um Schuld. Es geht nur darum, anzuerkennen, zu akzeptieren, was passiert ist, und seine eigenen Konsequenzen daraus zu ziehen. Es gibt dazu eine tolle chinesische Weisheit, die mir die Augen geöffnet hat. Diese Weisheit besagt, es gibt drei verschiedene Arten, mit Schuld umzugehen:

Der erste Mensch sucht die Schuld bei anderen Menschen – er wird nie an sein Ziel kommen.

Der zweite Mensch sucht die Schuld bei sich – er wird langfristig ans Ziel kommen, aber eben langsam.

Der dritte Mensch sucht keine Schuld – sondern reflektiert und ist deswegen schon längst angekommen.

Welcher Mensch bist du? Welcher Mensch möchtest du sein? Ich kann dir sagen, wer ich sein möchte: derjenige, der reflektiert und ankommt. Und jetzt verrate ich dir noch ein Geheimnis. Diese drei Arten von Menschen sind gleichzeitig drei Phasen. ICH war alle drei Menschen. Denn ich bin durch alle drei Phasen gegangen. Erst war ich überzeugt, dass alle anderen schuld an meiner Situation sind. Ich habe mich als Opfer gesehen. Aber dann habe ich beschlossen, dass ich kein Opfer sein will und deswegen auch kein Opfer bin. Als Nächstes war ich überzeugt, dass nur einer Schuld an meiner Situation haben kann – ich selbst. Aber was bringen mir Schuldgefühle? Was ändern sie an meiner Situation? Als ich begriffen habe, dass es weder was ändert noch hilft, habe ich beschlossen, keine Schuldgefühle mehr zu haben. Ich wollte mich einfach nicht mehr schuldig fühlen. Und jetzt? Jetzt bin ich überzeugt, dass niemand schuld ist. Stattdessen nehme ich alles an, so wie es ist. Ich akzeptiere die Situation – und gehe weiter.

Glaub mir, dahin zu kommen, war ein Prozess. Ein langer Weg mit viel harter Arbeit und viel Übung. Ich bin dankbar für jede einzelne Phase. Es ist wie alles im Leben, das du lernen und begreifen musst. Du kannst nicht einfach sagen: »So, jetzt will ich eine andere Sprache sprechen. Jetzt will ich Auto fahren können. Jetzt will ich einen Marathon laufen.« Nein, nein, nein. So funktioniert das nicht. Warum sonst heißt es denn, Übung macht den Meister? Weil wir Dinge niemals so aus dem Stand können. Der erste Schritt ist immer die Entscheidung FÜR etwas, für DICH. Also egal, was du für Ziele hast im Leben, du brauchst Zeit und Geduld und musst bereit sein, Arbeit zu investieren.

Mein aktuelles Ziel ist übrigens Ruhe. Ich habe keinen Bock mehr auf Dramen. Ich will ein gemütliches Zuhause. Ich will gut essen und trinken. Ich will reisen. Ich will positive Energien. Wenn ich mich mal einsam fühle, will ich mit positiven Menschen zusammen sein. Alles, was ich will für mich, ist Frieden. Und deswegen sage ich NEIN zum Krieg. Nein zum Krieg in mir, Nein zum Krieg mit anderen. Frieden ist mein Ziel. Ich sage nicht, dass es leicht ist. Denn Frieden hat viel mit deiner Umgebung zu tun und alles mit deiner inneren Einstellung. Wenn du Frieden möchtest, brauchst du einen anderen Blick auf die Welt. Und zwar einen positiven. Das ist es, was ich tue – was ich sehe, was ich sage, was ich höre, was ich fühle, ist positiv. ALLES. Ich sehe in allem das Gute, weil ich mich dafür entschieden habe. Ich lasse mir von niemandem mehr etwas anderes einreden! Und seitdem geht es mir gut. Denn ich habe mich von allem Negativen verabschiedet.

Versteh mich nicht falsch, natürlich passieren auch in meinem Leben noch immer negative Dinge. Natürlich habe ich auch manchmal noch negative Gedanken. Bin wütend oder enttäuscht. Aber nie wirklich lange. Es ist nie nachhaltig. Ich nehme diese Momente und Gefühle zur Kenntnis – dann gehe ich weiter und verschwende meine Zeit nicht mehr.

Dieser Prozess hat im Jahr 2020 begonnen. Seitdem übe ich, das Leben positiv zu sehen. Es ist ein tolles Gefühl. Ich liebe es. Wenn du immer noch fragst, wie ich das hinbekommen habe und weiterhin hinbekomme – ich lasse mich nicht mehr von Bullshit ablenken. Ich fokussiere mich auf das, was ich möchte, auf das, was mir guttut, auf das, was mich glücklich macht. Das ist meine Entscheidung. Denn alles im Leben basiert auf Entscheidungen. Und wenn dein Leben gut werden, wenn es dich glücklich machen soll, dann brauchst du gute Entscheidungen. Das werde ich auch weiterhin tun – deswegen entscheide ich mich FÜR statt GEGEN etwas.

Du hast schon jetzt eine gute Entscheidung getroffen – du liest dieses Buch. Ich bin gespannt – welche weiteren Entscheidungen wirst du für deine Zukunft treffen?

VERGEBUNG ist das sanfte Flüstern der Seele, das die Ketten des Grolls löst.

15.
CHALLENGE ACCEPTED

Die makellose und gebildete Aljona kommt aus einem erstklassigen Elternhaus. Weil sie sehr anspruchsvoll ist, datet sie nur einflussreiche Geschäftsmänner, berühmte Schauspielstars oder reiche Manager, die gut riechen, sich geschmackvoll kleiden, gepflegt sind und erstklassige Manieren haben. Jeder einzelne Typ überschüttet Aljona mit Geschenken und Aufmerksamkeiten, will sie heiraten. Jedes Mal badet sie in Luxus – und jedes Mal trennt sie sich nach kurzer Zeit wieder, weil irgendetwas nicht perfekt ist. Als Aljona ihren Freundinnen den neuen Mann in ihrem Leben vorstellen will, erwarten alle den nächsten perfekten Traummann. Stattdessen taucht Aljona strahlend mit einem schlecht gekleideten, unrasierten Typen mit fettigen Haaren, schiefen Zähnen und abgeknabberten Fingernägeln auf, der schüchtern schweigt. Doch Aljona ist verliebt in den arbeitslosen Typen und investiert viel Geld in sein Äußeres. Innerhalb kürzester Zeit verwandelt er sich in einen attraktiven, durchtrainierten, klugen und weltgewandten Traummann mit perfekten Zähnen, teurem Haarschnitt und schickem Style. Einzig einen Job hat er noch immer nicht. Trotzdem macht er Aljona den ersehnten Heiratsantrag. Doch kaum sagt sie Ja, betrügt er sie mit einer Jüngeren und verlässt Aljona. Zurück bleibt nur der Berg Schulden und die Erkenntnis, aufs Übelste ausgenutzt worden zu sein.

Es gibt Männer, die verbringen nur Zeit mit dir, weil sie einfach *fucking* faul sind. Die kein Problem damit haben, arbeitslos zu sein und auf deine Kosten zu leben. Die es schaffen, dass du dich so in sie verliebst, dass du taub bist für jede Alarmglocke in dir. Was glaubt ihr? Was hat Aljona in ihm gesehen? Warum hat sie sich von diesem Typen ausnutzen lassen? Warum hat sie so viel Zeit und vor allem Geld investiert? Vielleicht war er ein Projekt? Vielleicht hat er sie einfach nur zum Lachen gebracht? Vielleicht hat er ihren Ehrgeiz geweckt und sie dazu gebracht, dass sie ihn zu jemandem verändern wollte, den sie vorweisen kann? Was immer der Grund war, klar ist nur, er hat sich wie ein illoyaler *Bastard* verhalten. Sie hat ihm die Tür zu einem anderen Leben geöffnet – und zum Dank hat er sie fallengelassen.

Guess what. So etwas Ähnliches habe ich auch erleben müssen. Aus Zuneigung habe ich jemandem geholfen, seinen Traum zu verwirklichen – und wurde dann, als der Erfolg sich einstellte, einfach ignoriert und vergessen. Das ist kränkend. Besonders, weil ich diesen Menschen seit dem Tag seiner Geburt kenne. Wir sind nicht im klassischen Sinne verwandt, aber seine Eltern waren mit meinen Eltern eng befreundet. Deswegen waren die Erwachsenen für uns Kinder wie Tante und Onkel, ihre Kinder waren damit quasi unsere Cousinen und Cousins. Eines dieser Kinder stand mir besonders nah. Ich habe ihm die Windeln gewechselt, ihn aufwachsen sehen, bis ich schließlich nach Berlin gezogen bin. Tatsächlich ist er zu einem gut erzogenen, höflichen jungen Mann geworden. Er kam auch öfter nach Berlin. Logisch, dass er nicht in ein Hotel musste, sondern bei mir übernachtet hat. Dass er gegessen hat, was ich gegessen habe; wenn wir ausgegangen sind, habe ich die Rechnung bezahlt.

Du fragst, warum? Er war wie ein kleiner Bruder für mich. Und um deine jüngeren Geschwister kümmerst du dich natürlich. Sein großes Ziel war, Designer zu werden. Es ist toll, wenn jemand einen Traum hat. Und als er mir davon erzählt hat, konnte ich die Leidenschaft und die Hoffnung in seinen Augen sehen, in seinen Worten hören. Ich habe mich in ihm gesehen. Nur dass mir damals niemand geholfen hat. Ich wollte auf der Bühne stehen, ich wollte Menschen unterhalten, ich wollte etwas verändern, ich wollte die Welt erobern – für diesen Traum habe ich gekämpft. Dafür war ich kellnern, habe vor nur fünf betrunkenen Menschen gesungen, ich bin zu *Popstars* gegangen. Alles, um meinen Traum zu verwirklichen und Sängerin zu werden.

An diesem Abend, als mein »kleiner Bruder« mir mit so viel Begeisterung und Feuer von seinem Traum erzählt hat, war für mich klar, dass ich ihn unterstützen werde. Denn genau das habe ich mir immer gewünscht: jemanden, der an mich glaubt, der mich *supportet*. Ihm wollte ich diese Hilfe geben, die ich damals benötigt hätte. Er sollte seinen Traum verwirklichen können. Denn wenn du einen Traum hast, musst du daran glauben, hart dafür kämpfen – und du brauchst Glück. Wenn du dann noch jemanden hast, der an dein Talent glaubt und dich fördert, bist du deinem Ziel einen großen Schritt näher.

Für ihn ist es kein Traum geblieben – er hat das durchgezogen. Seine erste Kollektion war *simple* und klein. Das war noch zu den Anfängen von Instagram und ich kannte viele Influencer. Wir haben Deutschland einmal auf den Kopf gestellt damals. Ich hatte ein großes Netz, deswegen war es für mich eine Leichtigkeit, ihm eine Plattform zu bieten. Es hat Spaß gemacht, ihn zu *pushen*, ihm diese Tür zu öffnen. Die erste ist ja bekanntlich immer die schwerste. Wer mir folgte, folgte automatisch auch ihm. Freunde von mir haben seine Sachen getragen und das dann in ihren Storys gezeigt. Es ging so krass ab. Bald schrieb er schwarze Zahlen. Damit wurde er selbstbewusster. Er kam immer noch nach Berlin, hat immer noch bei mir übernachtet und hat dabei sein eigenes Netzwerk aufgebaut, viel Party gemacht. Eines Abends hat er mir stolz von einem wirklich großen Auftrag erzählt und ich habe mich so für ihn gefreut. Weil ich aber schon so oft erlebt hatte, dass Menschen mir Freundschaft und Liebe und Loyalität vorgegaukelt und gesagt haben, *till the end,* und mich dann fallenließen, habe ich zu ihm gesagt: »Wir machen noch diesen Sommer und dann nehmen wir unsere Mütter und laden sie nach Ibiza ein. Oder Marokko. Wir erleben einen wunderschönen Urlaub. Also, vergiss mich nicht.« Er saß auf meiner Couch und sagte empört: »Niemals, Senna! Bist du doof, ich werde doch meine Mentorin nicht vergessen! Meine beste Freundin, die Einzige, die an mich geglaubt hat! Die Einzige, die mich wirklich unterstützt hat. Bist du wahnsinnig, ich werde dich NIE vergessen.«

Ich sehe ihn da noch sitzen.

Ich habe ihm geglaubt.

Ich habe ihm vertraut.

Guess what. Es hat nicht lange gedauert, da hat er sein Versprechen gebrochen. Ich bekam immer weniger Anrufe, kaum noch Nachrichten, keine Klamotten mehr von seiner neuen Kollektion. Er kam zwar nach Berlin, aber ohne sich zu melden. (Inzwischen hat er ein Imperium aufgebaut, die Werbung für seine Kollektion hängt sogar am Times Square in New York.) Ich habe mir erst nichts dabei gedacht, weil ich davon ausgegangen bin, er ist sehr beschäftigt. Aber, und das ist leider die Kehrseite seines Erfolgs: Er hat sich radikal verändert. Von dem höflichen, gut erzogenen jungen Mann, den ich so gemocht habe, ist nichts mehr übrig. Wann und wie genau das passiert ist, weiß ich nicht. Aber es macht mich traurig.

Und dann kam mein 40. Geburtstag.

Für mich war immer klar, wenn ich bis zu diesem Tag nicht geheiratet habe, werde ich meinen Geburtstag so feiern, wie andere ihre riesengroße Hochzeit. Meine eigene Hochzeit wäre *big, big, big* gewesen. Also hatte ich meinen *big-time*-Geburtstag. Es gab nichts, was es nicht gab. Ich trug ein fantastisches Kleid. (Jennifer Lopez hat es auch mal getragen.) Die Deko bestand aus Rosenbäumen. Es gab ein Vier-Gänge-Menü, eine riesige *Candybar*, Macarons, auf denen mein Gesicht war, Cocktails. Ich schwöre, ich habe diesen Tag bis ins letzte Detail geplant – auch wenn mir einige einen Vogel gezeigt haben. ICH wollte diesen Geburtstag groß feiern – und das habe ich. Den einzigen Fehler, den ich gemacht habe, waren die Gäste. Von den 20 Menschen, die eingeladen waren, die zu der Zeit mein engster Kreis waren, ist nur Medeni übrig geblieben.

Natürlich war mein sogenannter Cousin auch eingeladen. Doch der hat sich seltsam verhalten an dem Abend. Er konnte mir nicht in die Augen schauen. Ich hatte das Gefühl, er war nur da, um es dann bei Instagram zu posten. Nicht wirklich meinetwegen. Der Erfolg hat ihn so krass verändert. Ich hatte das Gefühl, er war nicht mehr mit dem Herzen dabei. Glaub mir, wenn du keinen Seelenfrieden, keinen coolen Charakter hast, kann Erfolg dich auffressen, ja, kaputtmachen. Denn wo Reichtum und Erfolg sind, tanzt immer der Teufel. Da musst du gut auf deine Seele aufpassen. Viele Menschen verkaufen an diesem Punkt ihre Seele. Was ich nie getan habe. Aber manche Menschen tun's. Geld, Erfolg schmeckt halt. Für mich hatte »mein Bruder« längst all das Weiche, Nette, Liebenswerte und Unschuldige verloren.

Nach diesem wirklich rauschenden Fest gab es leider Ärger mit dem Hotel. Mir wurde unterstellt, ich hätte etwas beschädigt. *Don't get me wrong.* Wenn ich etwas beschädige, komme ich selbstverständlich für die Kosten auf. Ich verlasse einen Raum genau so, wie ich ihn betreten habe. Ich bezahle, was ich bestelle, und wenn ich etwas kaputtmache, komme ich natürlich dafür auf. Ich prelle NIEMALS die Zeche, gebe großzügig Trinkgeld. Aber in diesem Fall war ich wirklich sauer und habe mich geweigert, diese hohen Extrakosten zu bezahlen für etwas, was ich angeblich beschädigt hatte. Es fühlte sich nach Abzocke an. Die Folge war ein öffentlicher Streit mit den Leuten vom Hotel. Absolut nervig und unangenehm.

Aber wirklich schlimm wurde es wenig später. Denn wenn Loyalität in dem Moment endet, wo du von mir bekommen hast, was du wolltest, trifft mich das hart. Und genau das ist passiert. Der Streit war längst noch nicht ausgestanden, da mietete sich »mein Bruder« in genau diesem Hotel ein (was ich nicht von ihm persönlich, sondern über Instagram erfahren habe). Was theoretisch ja kein Problem gewesen wäre. WENN er nicht daraus eine positive Story für Instagram gemacht hätte. Natürlich haben sich alle gewundert, dass ausgerechnet er da übernachtet und den Laden auch noch für seinen Service lobt. OBWOHL er wusste, dass ich mit denen Stress hatte. OBWOHL er wusste, dass er mit meinem Gesicht, mit meinem Namen *gebrandet* ist. Ihm war das scheißegal, und für mich war es so unangenehm, weil ich natürlich darauf angesprochen wurde und mich erklären musste.

Was sagst du denn in so einem Fall? Ich wollte ihn ja nicht in einem schlechten Licht dastehen lassen. Aber er hatte mich in eine echte Scheißsituation gebracht. Was ich ihm auch gesagt habe. Anstatt zu sagen: »Senna, das ist dein *beef*, nicht meiner, es ist mir egal«, oder sich zu entschuldigen, hat er gelogen und sich nicht mal Mühe dabei gegeben. Ganz frech hat er behauptet, in den anderen Hotels hätte er seinen Ferrari nicht parken können. *Digga*, willst du mich verarschen? In ganz Berlin gibt es keine passende Garage für deinen Scheiß-Ferrari?! Ich war so sauer. Sauer, gekränkt und enttäuscht, weil er mich versucht hat zu verarschen. Das ist eine Beleidigung meiner Intelligenz. Schon kam die nächste Lüge: Angeblich hatte er meinen Streit mit dem Hotel vergessen.

WOW! Es dauert, bis du mich richtig zornig machst. Es dauert wirklich SEHR lange. Aber da war ich so wütend, so tierisch verletzt, dass ich ihm eine wirklich asoziale Sprachnachricht geschickt habe. Darauf hat er nicht reagiert, was meine Wut nicht kleiner gemacht hat. Und das war's. Funkstille. Wir haben nichts mehr voneinander gehört. Das war das Ende. Es war deswegen so bitter, weil es genau das Muster war, das ich ja schon kannte. Wieder hatte ich mich ausnutzen lassen, wieder war ich enttäuscht worden von jemandem, dem ich vertraut habe. Was habe ich daraus gelernt? Ich gebe keine 100 Prozent mehr.

Um die Geschichte zu Ende zu erzählen: Sein Business wurde größer und erfolgreicher. Ich war nicht neidisch, denn ich gönne jedem alles. Ich war einfach nur enttäuscht. Wie gerne hätte ich seinen Erfolg mit ihm gefeiert. Gemeinsam darauf anzustoßen, wenn man etwas geschafft hat, ist so ein schönes Gefühl. Ich hätte mich über seine Dankbarkeit gefreut. Aber er hat mich schlicht ignoriert. Statt stolz auf ihn sein zu können, habe ich mich komplett ausgenutzt gefühlt. Glaub ja nicht, er hätte sich dafür geschämt. Nein. Kein Schuldbewusstsein, kein Wort der Entschuldigung. Gewünscht hätte ich mir, dass er sagt: »Hey, lass uns mal hinsetzen und reden. Du bist mir wichtig, Mann. Komm, ich lad dich übers Wochenende ein und dann bauen wir unsere Beziehung wieder auf.« Damit hätte er mir zeigt, dass ich ihm überhaupt noch irgendwas bedeute. Aber das ist nicht passiert. (Genauso wenig wie der geplante Urlaub mit unseren Müttern.)

Wenige Jahre später meldete er sich plötzlich. Weil ich in meinem Podcast angekündigt hatte, die Wahrheit und die Hintergründe über ihn und seinen Erfolg zu erzählen. Der Podcast fiel in die Zeit, als meine Mutter Corona bekam und deswegen ins Krankenhaus musste, ich Zoff mit meiner damals besten Freundin hatte, mein alter Freundeskreis zerbrochen war und ich keinen Job hatte. Alles, was ich zu der Zeit hatte, war mein Podcast. Er schickte mir also eine Nachricht, dass er gerne mit mir reden wollte. Das mit meiner Mutter täte ihm sehr leid. Ob er irgendwas tun könnte, ob wir uns treffen könnten. Meine Antwort war natürlich, dass er gar nichts tun könnte und ich mich auch nicht mit ihm treffen würde. Er hat nicht lockergelassen. Ich wollte trotzdem nicht. Bis mich ein Freund überredete, wenigstens zu hören, was »mein Bruder« zu sagen hat. Da habe ich nachgegeben.

Er hatte einen Tisch reserviert, sah aus wie ein Superstar. Du hast ihm seinen Reichtum angesehen und so haben sie ihn auch behandelt. Aber innerlich war er arm. Seine Seele? Seine Augen? Leer. Das ganze Charmante, Liebenswerte, Schüchterne – nicht mehr da. Er war wie ein Fremder für mich. Er war nervös, hat mit seinem Handy gespielt. Du glaubst, es gab eine Entschuldigung? Oder wenigstens eine Erklärung? Was es gab, war NICHTS! Wir haben ein bisschen oberflächlich geredet, aber nicht über unseren Streit und auch nicht darüber, warum er sich ausgerechnet jetzt meldete. Als wir bezahlt hatten, habe ich ihn gefragt, wie lange er noch in der Stadt ist. »Noch eine Woche«, hat er gesagt. Meinen Vorschlag, uns am nächsten Tag noch mal zu treffen, hat er natürlich abgelehnt und gesagt, er hätte keine Zeit. BÄM. Das hätte ich eigentlich vorher wissen müssen. Seit diesem nichtssagenden Kaffeetrinken habe ich nie wieder was von ihm gehört.

Dieses Treffen hat mir endgültig die Augen geöffnet. Warum er mich unbedingt sehen wollte? Vermutlich wollte er sicher sein, dass ich die angekündigte Podcast-Folge nicht bringe. Was ich natürlich trotzdem getan habe. Im Podcast habe ich meine Wahrheit gesagt, und die ist, dass ich mich von ihm als Sprungbrett benutzt und ausgenutzt gefühlt habe. (Er hat vermutlich eine andere Wahrheit, und das ist in Ordnung, aber mir ist es wichtig gewesen, die Geschichte aus meiner Sicht zu erzählen.) Von ihm, mit dem ich aufgewachsen bin, der mir nahestand. Der wie Familie für mich war. Es gab keine Aussprache mit ihm, kein *happy end*. Der süße, höfliche, gut erzogene junge Mann ist zu jemandem geworden, der seine Seele verkauft hat. Es hat mir wehgetan, ihn so zu sehen. Weil ich ihn ja einst gemocht habe.

Das gilt übrigens für jeden, der mal an meiner Seite war. Von meiner Seite aus war es echte Liebe. Deswegen werde ich nie vergessen, dass es diese Zeit mal gegeben hat, und bin einfach nur traurig, dass so viele Geschichten in meinem Leben so ein Ende haben. Er, den ich wie einen Bruder geliebt habe, ist über Leichen gegangen und hat mich komplett ausgegrenzt. Und die, die übereinander schlecht gesprochen haben, folgen einander jetzt auf Instagram. *That's life.* Es bockt mich nicht. Denn ich sehe das, was er mir angetan hat, als eine Lektion. Denn durch sein Verhalten ist mir bewusst geworden, dass manche Menschen nur so lange loyal sind, bis sie mit deiner Hilfe erreicht haben, was sie wollten. Danach ist Ende. Sie kennen dich nicht mehr. Wie es mit ihm so weit kommen konnte, darüber könnte ich spekulieren. Nur wozu? Die Wahrheit ist, es interessiert mich nicht mehr. Ich habe akzeptiert, was er getan hat. Und ich habe begriffen, dass die, die dir am nächsten sind, dich am schlimmsten und tiefsten verletzen können. *Challenge accepted.* Deswegen liegt die Messlatte inzwischen sehr hoch, wenn jemand Teil meines Lebens sein möchte oder mich um Unterstützung bittet.

Manchmal begegnest du Menschen im Leben, die benutzen dich als Grundstein für ihr Haus, das sie dann mit anderen erbauen.

16.
BEWUSST MAN SELBST SEIN

Selena ist Mitte 30, selbstbewusst, unabhängig, hat einen tollen Job. Die meisten ihrer Freundinnen sind schon verheiratet und haben Kinder. Auch Selena träumt von Hochzeit und Familie. Als sie Harry kennenlernt, ist sie erst einmal zurückhaltend. Doch mit viel Geduld, Humor und intensiven Gesprächen gewinnt er ihr Vertrauen. Harry schätzt ihre Meinung, bestärkt sie in ihren beruflichen Plänen. Als sie ein Paar werden, ist Selena überglücklich. Sie will ihm keinen Grund geben, sie zu betrügen oder zu belügen. Deswegen trifft sie sich kaum noch mit ihren Freundinnen, lässt für Harry alles stehen und liegen, will immer für ihn da sein. Sie verschweigt sogar ihren Kinderwunsch, um ihn nicht zu verschrecken. Selena tut alles, um die perfekte Freundin zu sein. Harry trennt sich trotzdem nach einem Jahr. Fassungslos fragt sich Selena, warum er sie verlassen hat.

Fragt ihr euch das auch? Warum Harry sich ausgerechnet von jemandem trennt, der doch alles für ihn tut? Ist er ein *fuckboy?* Ein klassisches Arschloch? Ich denke, nein. Ich denke, Harry hat sich in die Selena verliebt, die selbstbewusst ihr Ding durchgezogen hat. Aber sie hat sich zu einer langweiligen Jasagerin ohne eigene Meinung entwickelt. Es mag Typen geben, die genau das wollen. Harry gehört aber offensichtlich nicht dazu. Und was sagt euch das? Es ist ein Fehler, sich so zu verbiegen, nur weil du glaubst, damit bist du attraktiver für ihn. Weil du glaubst, wenn du zu dir und deinen Wünschen und Träumen stehst, wird er dich verlassen. Wenn er das tut, ist er einfach nicht der Richtige! Sei froh, dass du ihn dann los bist.

Lasst uns deshalb bitte über Selbstbewusstsein sprechen. Und zwar echtes – kein aufgesetztes. Die gute Nachricht gleich zu Beginn: Selbstbewusstsein kann man erlernen. Ehrlich. Oder glaubst du, ich bin selbstbewusst auf die Welt gekommen? Ganz sicher nicht. Sonst wäre ich ja nicht auf all die *fuckboys* reingefallen und hätte mich in meinen Beziehungen so verbogen, wie ich es früher getan habe. Fragst du dich, was Selbstbewusstsein bedeutet? Wie man es bekommt? Ich verrate dir, was es für mich bedeutet: dass du dir deiner selbst bewusst bist. Dass du weißt, wer du bist. Für mich ist Selbstbewusstsein ein Muskel, den man trainieren kann und trainieren sollte. Für mich ist es mein Bodyguard von innen.

Ihr wisst, wie oft ich in toxischen Beziehungen war, wie oft ich Liebeskummer hatte. Ich war unsicher, trotz meiner Erfolge. Inzwischen bin ich aus Überzeugung seit vielen Jahren Single. Die Gesellschaft findet ja, eine Frau in meinem Alter sollte in einer Beziehung leben. Ich finde diese Haltung bescheuert und total überholt. Warum sollte ich eine Beziehung führen, die mich nichts als Nerven kostet und mir graue Haare und Falten beschert, die mir meine Zeit und Energie raubt und mich unglücklich macht? Das hatte ich alles schon. Außerdem kenne ich viel zu viele Menschen, die trotz Beziehung einsam sind. Einsam fühle ich mich nie. Im Gegenteil, ich bin glücklich. Ich mag mein Leben, so wie es ist. Ich will es nicht anders.

Ich frage mich manchmal, warum so viele Menschen in unglücklichen Beziehungen leben und daran festhalten. Für mich kommen faule Kompromisse nicht mehr in Frage, dazu sind mir mein Leben und mein Glück zu kostbar. Wie wäre es denn, erst mal mit sich alleine auszukommen? Und wenn ich Alleinsein sage, meine ich nicht, am Handy rumzuhängen oder den ganzen Tag auf Social Media zu surfen. Ich meine das Alleinsein mit dir selbst – mit deinen Gedanken und Bedürfnissen. Finde heraus, was deine Seele verlangt. Was dein Körper braucht. Denn deine Seele und dein Körper sind zwei verschiedene Orte, die aber zusammengehören. Ist dein Körper gesund und deine Seele krank, dann passt das nicht. Ist deine Seele krank, kann auch dein Körper krank werden. Also sollte es unser Ziel sein, dass Körper UND Seele gesund sind.

Damit das gelingt, ist es wichtig, herauszufinden: Was mag ich denn überhaupt? Mag ich all die Dinge nur, weil es mir so beigebracht wurde? Weil es mir von meinen Eltern vorgelebt wurde? Möchte ich überhaupt heiraten und Kinder bekommen? Möchte ich in einem Haus mit Garten leben? Oder würde ich viel lieber alleine in der Stadt wohnen? Mit was für einem Menschen möchte ich mein Leben teilen? Möchte ich überhaupt mein Leben mit einem anderen Menschen teilen? Es gibt so viele Fragen, die du dir stellen solltest, um herauszufinden, was du wirklich magst. Um die richtigen Antworten auf all die Fragen zu finden, musst du alleine sein mit dir. Ohne die Stimmen und Meinungen anderer Menschen – die deiner Eltern, Geschwister, besten Freunde. Ja, ich weiß. Alleinsein verbinden die meisten direkt mit etwas Negativem. Wer alleine ist, den will niemand, mit der Person stimmt was nicht. Bullshit! Alleinsein hat so viele positive Seiten.

Du kannst neue Talente an dir entdecken.

Du kannst herausfinden, was dir wichtig ist, was du brauchst, um glücklich zu sein.

Du wirst erfahren, wer du bist.

Du kannst ausprobieren, wer du sein willst.

Du bist frei von der Meinung der anderen.

Du musst nichts tun, was du nicht willst, keine Kompromisse eingehen.

Wie klingt das für dich? Negativ? Oder klingt es nicht vielmehr spannend, wie etwas, was du gerne mal ausprobieren möchtest? Vielleicht gefällt es dir ja. Wer alleine sein kann, ist eine sehr starke Person. Niemand, den man bemitleiden muss. Im Gegenteil. Abgesehen davon finde ich, jeder braucht mal eine Phase ohne andere Menschen, mit viel Zeit nur für sich. Eine Pause, um durchzuatmen. Auch wenn ich Alleinsein inzwischen toll finde und genieße, muss ich gestehen, dass es am Anfang nicht freiwillig oder aus einem glücklichen Moment heraus passiert ist, sondern aus Leid, Kummer und Schmerz. Aber inzwischen denke ich, lieber ein Ende mit krassem Schrecken, mit Heulen und Verzweifeln und allem Drum und Dran, anstatt ein Leben lang in der Lüge zu leben. Und wenn ich Lüge sage, meine ich nicht nur, dass dich jemand anlügt, sondern auch Selbstverarschung. Wenn du dich selbst belügst, ist das nicht gut.

Aber bevor du überhaupt erkennen kannst, dass du nicht ehrlich zu dir bist, musst du dich mit dir und deinen Wünschen und Vorstellungen vom Leben beschäftigen, musst du dir die richtigen Fragen stellen. ALLEINE! Denn nur dann lernst du deinen echten Charakter kennen. Nur dann kannst du dir selbst gegenüber loyal sein. Also vergiss die Behauptung, Alleinsein wäre etwas Schlechtes, das du unbedingt vermeiden musst. Bullshit! Du musst zwar durch eine harte Schule, und es ist besonders am Anfang nicht einfach (was ist das schon? Alles, was neu ist, kostet Kraft und Mühe und Geduld!). Aber jeder Tag, den du mit dir alleine verbringst, lohnt sich.

Wenn du mich fragst, diesen Prozess zu starten und ihn durchzuziehen, ist das beste Investment, das ich je in meinem Leben getätigt habe. Eines, das ich nie bereut habe und sicherlich auch nie bereuen werde. Denn was ich gewonnen habe, ist so viel mehr, als ich in Worte fassen kann. Ich versuche es trotzdem zu erklären. Als ich alleine war, konnte ich irgendwann viel besser reflektieren, was passiert ist. Mein *mind* wurde klar. Ganz praktisch bedeutet das, dass ich inzwischen anders agiere und reagiere als früher. Ich sage, was ich sagen will, aber ich drücke es so aus, dass ich nicht (mehr) angreifbar bin. Bevor ich mich zu etwas äußere, lasse ich alles erst mal sacken. Kurz einatmen, ausatmen, mit der Katze spielen, Kaffee trinken, Gedanken sortieren. Dann erst einen Post beantworten, einen Beitrag, ein Reel online stellen oder darauf reagieren. Der Weg ist schlauer und effektiver. Dieses Verhalten nenne ich selbstbewusst.

Dabei fängt Selbstbewusstsein nicht mit der Oberfläche an. Es kommt von innen. Und es ist natürlich auch ein Prozess. Du kannst ihn in jedem Moment deines Lebens beginnen.

Du fragst, wie ich selbstbewusst wurde? Bei mir war der Punkt erreicht, als ich entschieden hatte, nur noch gesunde Beziehungen zu wollen. Keine toxische Scheiße mehr in meinen Leben! Ich war fertig mit diesem Scheiß. Das hatte ich zu oft gehabt. Mir war nämlich klar geworden, dass ich bislang immer abhängig von jemandem gewesen war. Ob Essen gehen oder ins Kino, *red carpet*, verreisen – ich wollte bei allem immer eine Begleitung haben. Nur ja nichts alleine unternehmen müssen. Das war meine Schwachstelle. Und die wollte ich unbedingt in Stärke umwandeln. Also habe ich all das geübt – alleine essen gehen, ins Kino und ja, auch alleine zu verreisen, wie ich ja schon berichtet habe. Es war ein langer Weg.

Dabei habe ich herausgefunden, dass ich gerne alleine in ein Café gehe, es mir aber keinen Spaß macht, abends alleine schick essen zu gehen. Dafür finde ich alleine in den Urlaub fahren inzwischen toll. Weil ich dann nur Rücksicht auf mich selbst nehmen muss. Ich entscheide, ob und was ich wann mache. Ich muss auf niemanden warten – und niemand muss auf mich warten. Es ist so wunderbar stressfrei, mit sich alleine zu sein. Diese Unabhängigkeit ist eine unglaubliche Power, die wir in uns haben. Die wir nur wecken müssen, um sie dann zu genießen. Selbstbewusstsein sorgt dafür, dass du die Dinge in einem anderen Licht sehen kannst. DU bestimmst, wie du Gegebenheiten wahrnimmst und welchen Wert sie für dich haben. Das ist eine Freiheit, die unglaublich glücklich macht. Es wäre gelogen, wenn ich behaupten würde, es sei leicht, glücklich zu werden, glücklicher als jetzt. Das ist es nicht. Aber es macht Spaß, dieses Ziel vor Augen zu haben und die eigenen Fortschritte zu sehen. Auch wenn sie am Anfang nur *baby steps* sind. Es kostet viel Anstrengung, viel Arbeit und ja, auch Tränen. Aber es lohnt sich. Jede einzelne Träne lohnt sich. Denn du wirst immer klarer, je länger du mit dir alleine bist. Und irgendwann spürst du das Glück, spürst, dass du glücklich bist.

Denn nur mit dir alleine kannst du zum Beobachter werden und herausfinden, was dir guttut und was nicht. Was und wen du brauchst und was und wen nicht. Was du möchtest und was nicht. Je länger der Prozess dauert, desto klarer wird vieles. Du siehst die Welt jetzt mit anderen Augen, verstehst viel mehr davon und dann bist du so viel sorgsamer mit deinem Glück. Du willst nicht, dass irgendwer kommt und es wieder zerstört. Also beobachtest du die Menschen um dich herum, wie sie sprechen, wie sie handeln. Du merkst viel schneller, wenn dich jemand triggert, wenn eure Werte nicht zusammenpassen. Du bist viel schneller bereit, dich von diesem Menschen zu verabschieden. Du bist jetzt viel achtsamer, wen du in deine Nähe, in dein Leben lässt. Und genauso ist es richtig. Du bist wie die Raupe, die einen Kokon um sich baut, um irgendwann ein prächtiger Schmetterling zu werden. Wenn du dich eine Zeitlang nur mit dir beschäftigst, dann hast du die Chance, ein Schmetterling, ein guter und glücklicher Mensch zu werden.

Ist diese Vorstellung nicht großartig? Ein guter und glücklicher Mensch zu sein? Das ist jedenfalls mein Ziel und daran arbeite ich. Weil ich irgendwann zufrieden sterben möchte, in dem Wissen, ich habe alles getan, was in meiner Macht stand, um ein guter und glücklicher Mensch zu sein. Dafür habe ich gelernt, zu unterscheiden, was mir guttut und was nicht, was ich mag und was nicht. Ich habe gelernt, dass ich jederzeit NEIN sagen kann zu Menschen, zu Jobangeboten, zu allem, was mir nicht guttut. Es braucht Zeit und Übung, sich zu trauen, respektvoll und klar »Nein, danke« zu sagen.

Als ich damit anfing, wurde es erst mal einsamer. Menschen haben mich verlassen, als das Bild, das sie von mir hatten, nicht mehr mit meiner Person übereinstimmte. Sie konnten nicht damit umgehen, dass ich ich war. (Ihr erinnert euch an meine Familie, die längst nicht mehr aus 50, sondern nur noch aus drei Personen besteht?) Das war natürlich traurig und schmerzhaft. Aber ich vertraue auch da auf Gott. Er trennt dich nur von Menschen, die nicht zu dir passen, die dir nicht guttun. Denn er sieht mehr, als du siehst, und hört mehr, als du hörst. Deswegen habe ich meinen Frieden damit gemacht, wenn Menschen nicht mehr in meinem Leben sind. Denn ich möchte sein, wie ich bin – und nicht, wie andere mich gern hätten. Auch das ist Selbstbewusstsein. Unabhängig von der Meinung der anderen zu sein.

Ihr, meine lieben Tulpen, wenn ihr unsicher seid, noch nicht so selbstbewusst, wie ihr gerne wärt, denkt daran: Mein Selbstbewusstsein war nicht immer so groß, wie es jetzt ist. Und es ist auch nicht von heute auf morgen gewachsen. Es braucht Zeit und Geduld und Übung. Denn natürlich war auch ich mal unsicher. Stand nicht mutig zu mir und dem, was ich wollte. Sonst wäre ich ja nicht in all diese schwierigen und schmerzhaften Situationen geraten. Ja, heute bin ich selbstbewusst. Aber trotzdem gibt es auch Tage, an denen ich mich unsicher fühle. Doch ich lasse mir das nicht mehr anmerken. Denn ich weiß, wie ich mich schützen kann. Glaubt mir, ich hatte so schlimme Phasen in meinem Leben, in denen ich mich überhaupt nicht mochte. Weil ich Akne bekam, weil ich meine Beine zu dünn fand, weil mir viele Menschen eingeredet haben, dass ich hässlich wäre. Es ging immer darum, dass ich eine viel zu große Nase habe, dass ich männlich aussehe. Damit musste ich schon als junges Mädchen klarkommen. Wenn dir das immer und immer wieder gesagt wird, dann setzt sich das in dir fest und du glaubst den Scheiß. ICH habe den Scheiß lange geglaubt.

Erinnert ihr euch an Monrose? Ich war nie die Schöne, ja, nicht mal die Hübsche. Das waren Bahar und Mandy mit ihren niedlichen Stupsnasen, ihren großen Augen, diesen perfekten Gesichtern. Sie waren die makellosen Mädchen, ich war immer »nur« die Coole mit der großen Klappe, die Ghettobraut, die polarisiert. Für viele habe ich nicht in das Bild der Girlband gepasst. Heute finde ich mich schön. Weil ich selbstbewusst bin. Weil ich weiß, dass ich ein gutes Herz habe, gute Werte, einen guten Charakter. Wenn du also glaubst, du bist nicht schön, weil du nicht so aussiehst, wie dir das auf Social Media mit all diesen inszenierten Momentaufnahmen und Filtern vorgegaukelt wird, wie du aussehen musst, um schön zu sein – vergiss den Bullshit. Wenn du findest, dein Busen ist zu klein, dein Hintern zu groß, deine Beine zu kurz, deine Zehen zu krumm – vergiss den Bullshit. Wenn dir irgendjemand einreden will, dass du nicht hübsch und liebenswert bist, weil deine Haare dünn sind oder deine Ohren abstehen – vergiss den Bullshit.

Glaub mir, ich kenne diese ganzen Emotionen, dieses sichminderwertig-fühlen. Die Wahrheit ist, wir sind (zum Glück) alle verschieden – und wir sind alle perfekt, so wie wir sind. Leider ist es für Erwachsene so leicht, das Selbstbewusstsein von Kindern kaputtzumachen. Denn wenn du von Kindheit an hässliche Kritik von jemandem bekommst, der als Respektsperson gilt, den du als Autoritätsperson nicht anzweifelst, von dem deine Mutter erwartet, dass du ihm gehorchst, dann verlierst du dein Selbstbewusstsein.

So ähnlich bin ich aufgewachsen. Man hat mich wegen meiner Nase gehänselt, man hat mir fiese Spitznamen gegeben. Das musste ich ertragen. Selbst zu Monrose-Zeiten war das so. Es gab da einige Situationen, in denen war ich echt verzweifelt und dachte, diese Welt ist so oberflächlich und ekelhaft. Es gibt nur dieses eine Idealbild – und dem habe ich nie entsprochen. Damit umzugehen, war nicht leicht.

Es gibt da eine Geschichte mit dem Werbedeal für eine Kosmetikfirma. Das Ding ist richtig gut gelaufen. Als Dankeschön hat jede von uns drei vom Konzern ein Gemälde von sich bekommen. *Guess what.* Auf meinem Bild habe ich eine kleine Stupsnase wie Mandy und Bahar. Das war überhaupt nicht ich! Was für eine krasse Kränkung. Trotzdem habe ich mich natürlich brav bedankt. Habe das weggeatmet. Genauso die beleidigenden Kommentare auf Facebook, wo wildfremde Leute meinten, ich sollte mir die Nase operieren lassen. Ey, ihr *motherfucker*, Barbra Streisand hat das nie getan! Und sie ist ein Megasuperstar. Jennifer Grey dagegen – die niedliche Francis aus dem Film *Dirty Dancing* – die hat's getan. Mit welchem Ergebnis? Kleine Nase – Karriere vorbei! Wenn heute irgendein Bastard mein Äußeres kritisiert, bockt mich das keinen Meter. Ich habe meine Nase nie operieren lassen und darauf bin ich stolz. Glaub mir, ich weiß, wie schmerzhaft es ist, von anderen abgestempelt zu werden, weil man nicht dem Schönheitsideal entspricht, das gerade angesagt ist. Das verunsichert so sehr, dass man es irgendwann selbst glaubt.

Lass dir keinen Scheiß einreden! Von NIEMANDEM! Es kommt nur darauf an, was für ein Herz du hast. Jemand, der umwerfend schön ist und nur schlechtes, dummes Zeug redet – ist der wirklich schön? Jemand, der Übergewicht hat oder Segelohren oder krumme Beine, dafür aber ein gutes Herz, einen guten Charakter, der Gutes tut – ist der hässlich? Nicht für mich! Für mich ist der schön! Für mich ist ganz klar, je schöner du innerlich bist, desto mehr strahlst du das auch aus.

Natürlich habe ich auch Fotos von mir, bei denen ich denke: *Wer ist diese Frau, Alter? Wieso sitzt die in meinem Wohnzimmer und hat meine Katze auf dem Schoß?* Aber ich reduziere mich nicht auf meine Äußeres. So hässlich ich mich früher fand, so wunderschön finde ich mich inzwischen. Nicht weil meine Brüste immer noch wie eine Eins stehen oder meine Haar lang und glänzend ist oder ich große braune Augen habe. Nein, ich bin wunderschön, weil ich ein schönes Herz habe, einen guten, einen coolen Charakter. Weil ich Gutes tue. Weil ich niemanden verurteile oder bewerte. Und du? Willst du nicht auch endlich aus diesem blödsinnigen Gedankenkarussell aussteigen? Willst du unabhängig sein von dem, was andere von dir denken, was sie über dich sagen? Ja? Sehr gut. Herzlichen Glückwunsch. Das ist die beste Entscheidung, die du treffen kannst. Und der erste Schritt zu (mehr) Selbstbewusstsein.

Der nächste Schritt ist, dass du Zeit mit dir alleine verbringst, damit dir niemand irgendwas einreden kann. Oder dich verunsichert mit seiner Meinung. Zieh dich eine Weile zurück von deinen lauten Freunden, die nur auf Äußerlichkeiten achten. Geh auf Distanz zu toxischen Menschen – ganz gleich, ob Freunde oder Familie. Es geht jetzt nicht mehr um andere, es geht um DICH. Nur um dich. Du bist wichtig! Denn du bist keine Option, du bist die Priorität! Und wenn du dich selbst nicht wie eine Priorität behandelst, werden dich alle anderen wie eine elende Option behandeln und munter Pingpong mit dir spielen. Um alleine mit dir zu sein, musst du nicht ins Kloster gehen oder dich in einer abgelegenen Berghütte einschließen oder so. Auch wenn das natürlich hilft. Aber es geht vor allem darum, DEINE Bedürfnisse herauszufinden. Sei die Raupe, die sich in ihren Kokon zurückzieht und als Schmetterling zurückkommt. Und vor allem finde raus, was dir Spaß macht.

Wenn du noch nie gestrickt hast – versuch es mal. Vielleicht liegt es dir, vielleicht auch nicht.

Wenn du noch nie getöpfert hast – versuch es mal. Vielleicht liegt es dir, vielleicht auch nicht.

Wenn du noch nie joggen warst, noch nie auf einem Pferd gesessen hast – versuch es mal.

Erweitere deinen Horizont. Erweitere deine *skills*.

Plane dein Wochenende.

Wenn du nach Lissabon fliegen willst – mach es doch.

Wenn du noch nie im Museum warst – mach es doch.

Wenn du nach Hamburg willst und dir die Stadt angucken willst – mach es.

Gönn dir! Tu die Dinge, die du tun möchtest, und finde heraus, ob sie überhaupt zu dir passen. Was nur in deinem Kopf ist, reicht nicht. Vielleicht gefällt es dir ja gar nicht, schmeckt es dir nicht. Träume nicht von Dingen, Schwester, tu sie. Und wenn dir das nötige Kleingeld fehlt, dann spare entweder darauf oder such dir etwas, das du dir gerade leisten kannst.

Bei mir waren es damals Trüffel. Alle schwärmen doch so davon. So teuer, so lecker. Jeder, den ich kenne, sagt: krass, krass, krass lecker. Irgendwann bin ich essen gegangen und habe mir diese berühmten Trüffelnudeln bestellt. Und? Waren okay, aber jetzt nicht so das Ding. Ich habe sie probiert und kann jetzt sagen, nee, mir schmeckt es nicht. Ich weiß, es ist hart, seine eigene Meinung zu haben und dazu zu stehen, wenn alle anderen eine andere Meinung haben. Oder noch schlimmer, wenn sie dich von ihrer Meinung überzeugen wollen. Alter, wenn dir Trüffel nicht schmecken, können die anderen 1000 Mal sagen, voll krass lecker. Nein. Dir schmeckt es nicht. Lach über diese Clowns. Diese *motherfucker* verschwenden ihre Zeit, dir deine Meinung ausreden zu wollen. Und warum wollen sie das? Weil sie nur cool finden, was die Masse cool findet. Weil sie nicht gerne alleine sind. Aber DU bist gerne alleine. Und um dich gut zu fühlen, brauchst du nicht die Masse. Wenn du also herausfinden willst, wer du wirklich bist, was du wirklich willst, dann werde aktiv.

Sortiere deinen Kleiderschrank.

Repariere dein Fahrrad.

Probier mal, ein Drei-Gänge-Menü zu kochen.

Renoviere deine Wohnung.

Auch mit wenig Geld kannst du all das tun. Wenn du nicht weißt, wie, geh auf Social Media und finde nebenbei heraus, dass du nur

Vollidioten folgst. Folge ab sofort denen, die dir gutes Futter für dein Hirn geben. Vergiss nicht: Selbstbewusstsein ist nix, was du geschenkt bekommst. Du musst es dir erarbeiten. Dafür musst du dich von alten Verhaltensmustern, von negativem Denken befreien.

Ich bin wie gesagt als Erstes alleine Kaffee trinken gegangen. Das war am Anfang komisch. Ich habe es nur zehn Minuten lang ausgehalten. Obwohl ich mein Handy und meine Kopfhörer dabeihatte. Aber mit jedem Mal wurde es leichter – und hat bald richtig Spaß gemacht. Aus einem Kaffee sind irgendwann drei geworden, und als es dunkel wurde, bin ich nach Hause gegangen und war zufrieden. Irgendwann bin ich ohne Handy ins Café und habe mich mit wildfremden Menschen unterhalten. Da sind krasse Gespräche entstanden. Das war super. Nebenbei habe ich gemerkte, dass ich *profile*. Leute nach ihrem Job, ihrem Äußeren beurteile und in Schubladen stecke. Dieses Verhalten wollte ich ablegen, nachdem mich jemand plötzlich ganz anders behandelt und angesehen hat, nachdem er wusste, welchen Job ich mache. Ich wollte nicht mehr voreingenommen sein. Ja, es war schwer, damit aufzuhören. Sich nur auf den Menschen zu konzentrieren, vollkommen egal, welchen Job die Person macht, egal, wie viel Geld die Person verdient. Aber wenn man sich zurückzieht, sich isoliert und darüber nachdenkt, wie blöd es eigentlich ist, Menschen nach ihrem Äußeren, nach ihrem Einkommen zu beurteilen, dann schafft man es, nicht mehr zu *profilen*.

Übrigens bekam ich mehr und mehr Spaß daran, mit mir selbst auszugehen und Leute kennenzulernen. Dann habe ich mich mit mir selbst am Abend zum Essengehen verabredet. Habe mich schick gemacht, einen Tisch auf meinen Namen bestellt. Das war so krass – du gehst ins Restaurant und niemand wartet auf dich. Irgendwann kam da Routine rein. Es hat mir keinen Spaß gemacht und deswegen habe ich es dann gelassen.

Als Nächstes stand alleine verreisen auf dem Plan, davon hatte ich ja schon erzählt. Erst mal habe ich mir ein Land gesucht, das ich kenne, in dem ich mich sicher fühle, weil ich da schon so oft war. Ich schwöre, als ich dann zurück nach Hause kam, da war ich so Boss! So voller Selbstbewusstsein. Warum? Ich war sonst immer von krass vielen Leuten umgeben. Aber dieses Mal bin ich nicht nur alleine weggeflogen, ich habe auch niemandem verraten, dass ich komme. Ich wollte selbst bestimmen, was ich mache, wann ich es mache – alles, ohne mich absprechen zu müssen. Hätte ich diesen Urlaub mit Freunden verbracht oder mit Leuten, die mich ablenken, hätte ich Larry niemals kennengelernt und aus seinem verschimmelten Karton in der stickigen, stinkenden Tierhandlung gerettet und dann das perfekte Schildkrötenparadies für ihn gefunden.

Was ich dir sagen will, das Leben steckt voller Überraschungen und Geschenke, wenn du alleine unterwegs bist. Auch wenn es dir am Anfang unangenehm ist oder vielleicht sogar Angst macht. Auch wenn du glaubst, du kannst nicht mehr. Wenn du am Boden liegst – aufstehen. Weitermachen. Aufgeben ist niemals eine Option. Und lass dir von niemandem was anderes einreden! Manche Menschen wollen nicht, dass du dich veränderst, dass du stärker wirst, dass dein Selbstbewusstsein wächst. Dass du ein wunderschöner, ein glücklicher Schmetterling wirst. Dass du dich veränderst. Weil sie dich dann neu kennenlernen müssen. Ja, vielleicht wirst du in ihren Augen sogar unbequem. Und ja, du bist nicht mehr (so leicht) zu beeinflussen. Es gibt so viele Gründe, warum dein Bild, das die anderen von dir haben, gleich bleiben soll. Aber das ist Stillstand. Das ist Bullshit. Glaub an dich! Der Glaube an sich selbst ist wichtig. Auch wenn dein Weg zum Selbstbewusstsein ein anderer sein wird, als es meiner war, ist unser Ziel das gleiche. Das Ziel heißt: ein guter und glücklicher Mensch sein.

SCHÖNHEIT beginnt in dem Moment, in dem du beschließt, du selbst zu sein.

Coco Chanel

17.
WARUM IMMER ICH?

Erinnert ihr euch an Melissa aus Kapitel 2? Melissa, die sich so sehr eine Beziehung gewünscht hat und dann glaubte, Ilias sei Mister Right, ihr persönlicher Jackpot? Der, nachdem sie mit ihm geschlafen hatte, auf Nimmerwiedersehen verschwunden ist? Erinnert ihr euch noch an Melissas Verzweiflung? An ihre Frage »Warum passiert das immer mir?«? Wenn du dir nicht sicher bist, lies das Kapitel »Phoenix aus der Asche« noch mal. Jetzt weißt du wieder, was das Drama von Melissa war. Und ich würde nun gerne wissen, *wie* oft hast du dir diese Frage schon gestellt? Wenn es mal wieder nicht so gelaufen ist, wie du es dir gedacht, erhofft, gewünscht hast. Wie oft hast du geweint und zu deiner Freundin gesagt: »Warum immer ich?« Mehr als ein Mal? Immer, wenn du wieder enttäuscht wurdest, oder? Schwester, du bist nicht die Einzige, die sich diese Frage stellt. Ich kenne keine Person, die nicht schon mal gedacht hat, dass sie der einzige Mensch auf der Welt ist, dem so etwas passiert.

Du triffst einen Mann, ihr redet, ihr lacht, geht ein paar Mal miteinander aus und schon ist in deiner Fantasie alles perfekt. Alles stimmt, alles ist wunderschön, du schenkst dich ihm – und dann ist es auch schon wieder vorbei, und du weinst – »Warum immer ich?«. Ich habe mir diese Frage früher auch gestellt. Und zwar nicht nur einmal! Warum ich das jetzt nicht mehr tue? Weil ich verstanden habe, dass meine Fantasie nichts mit der Realität zu tun hat. Gar nichts! Wir bauen ein perfektes Bild auf, kreieren ein romantisches Märchen in unserem Kopf und daran krallen wir uns fest. Ja, du WILLST, dass er perfekt ist. Dass er dein Traumprinz ist. Aber das ist er nicht. Er hat Fehler, er macht Fehler. Er hat Charaktereigenschaften, die du nicht magst. Die du vielleicht nicht mal akzeptieren kannst. Weil er aber so gut aussieht und deine Freundinnen dich um ihn beneiden oder weil er erfolgreich ist oder was auch immer, guckst du nicht so genau hin. Du hörst ja nicht mal hin, wenn dich jemand vor ihm warnt. Du bist dir so sicher, er ist treu und fürsorglich und wird dich niemals betrügen. Du bist sicher, niemand passt so gut zu ihm wie du. Ihr seid das perfekte Paar. Auch wenn dein Bauchgefühl zwischendurch etwas anderes sagt – du hältst an dem Bild fest, das du dir von ihm und euch gemacht hast. Als wäre er der einzige Mensch auf der Welt. Obwohl eure Werte nicht wirklich passen, obwohl er ganz andere Dinge mag als du. Du vertraust deinem Instinkt nicht, weil du diese Beziehung so unbedingt willst. Das ist Bullshit! Diese Beziehung kann nur scheitern. Denn du liebst eine Fantasie, ein Idealbild, dem kein Mensch entsprechen kann.

Macht es Sinn, deswegen enttäuscht zu sein? Nein! Trotzdem bist du es, weil du glaubst, dass der Mensch sich verändert hat. Liebes, er hat sich nicht verändert, er war von Anfang an so, wie er jetzt ist. DU wolltest es erst nicht sehen. Und als du es endlich gesehen hast, wolltest du ihn ändern! Und weil das nicht funktioniert, weil man sich nur selbst verändern kann, bist du enttäuscht und glaubst, versagt zu haben. Bullshit! Erstens haben wir schon über den Blödsinn gesprochen, dass angeblich du versagt hast, wenn deine Beziehung scheitert. Zweitens kannst du keinen Menschen zwingen, so zu sein, wie du ihn gerne hättest.

Angenommen, der Mann war am Anfang aufmerksam und liebevoll und ist es dann nicht mehr – dann war er nur aufmerksam und liebevoll, um dein Vertrauen zu gewinnen. Aber nicht, weil er es wirklich ist. Dafür kannst du ihn verurteilen – aber was ändert das? Er ist, wie er ist. Du musst ihn so akzeptieren. Und wenn du das nicht kannst, sei froh, dass du nicht mit ihm zusammen sein musst. Dass du ihn los bist. Die Frage »Warum immer ich?« habe ich mir vor allem immer dann gestellt, wenn ich nicht das gekriegt habe, was ich verdient habe. Wenn ich statt Zuneigung und Treue den Mittelfinger bekommen habe. Wenn ich geliebt habe, aber nicht genauso zurückgeliebt wurde. Es fühlt sich nicht nur nach Versagen an, sondern nach Verlieren.

Also habe ich mich natürlich gefragt: »Warum immer ich?« Aber eine Antwort habe ich nie bekommen. Bis zu dem Moment, als ich begonnen habe, mir die Scherben genau anzusehen. Ich habe sie nicht einfach nur zusammengekehrt, sondern vorsichtig angeschaut, betrachtet und sorgfältig wie ein Puzzle wieder zusammengesetzt. Ich habe meine zerbrochene Beziehung wie einen wunderschönen, perfekten Teller betrachtet, der in ganz viele Teile zersprungen ist. All die Scherben stehen für Trennung, Enttäuschung, Schmerz, fehlende Liebe, Lüge, Verrat, Betrug. Du bist wie dieser wertvolle Teller. Dann kommt jemand und zerbricht ihn. Zerbricht dich. Natürlich fragst du dich dann: »Warum immer ich?« Ich verrate dir was. Die Antwort auf diese Frage wirst du nicht bei deiner besten Freundin finden. Auch nicht beim Therapeuten oder deiner Mutter oder sonst jemandem. Du wirst diese Antwort überhaupt nicht im Außen finden. Wir sind oft so blind, weil wir glauben, jemand anderes müsste unsere Fragen beantworten. Jemand anderes wüsste mehr über uns als wir selbst. Dabei tragen wir die Antwort in uns!

Das wurde mir klar, als ich die Scherben, also all meine Gefühle, erst betrachtet, dann sortiert und mich dabei gefragt habe, warum verdammt noch mal mir niemand meine Fragen beantworten kann. Da habe ich es verstanden: Wenn ich die Antwort nicht durch andere finde, nicht im Außen, dann muss die Antwort in mir sein. Plötzlich habe ich auch begriffen, dass ich dahin zurückmuss, wo es am allerschmerzhaftesten war und ist. Zurück in meine Kindheit. *Guess what.* Dort habe ich tatsächlich all meine Antworten bekommen. Jetzt weiß ich, warum meine sämtlichen Beziehungen gescheitert sind. Zu Freundinnen, zu Freunden, zu den Männern, in die ich so krass verliebt war. Dass alle aus ein und demselben Grund zerbrochen sind.

Ich bin all die Jahre immer davon ausgegangen, ich wurde belogen, betrogen und verlassen, weil ICH nicht gereicht habe. Weil ICH nicht gut genug war. Soll ich euch die großartigste Erkenntnis verraten? Nicht ICH habe den Menschen nicht gereicht, sondern sie haben MIR nicht gereicht. Sie haben meinen Wert nicht erkannt und mich nicht geschätzt. Ich habe immer ganz viel Energie investiert, um etwas zu verändern – und daran bin ich gescheitert. Nachdem ich diese Antwort hatte, wollte ich wissen, warum das so ist, warum ich mich so verhalte, warum ich versuche, etwas zu verändern, was nicht zu ändern ist. Ja, was nicht mal verändert werden kann oder muss.

Ich bin immer tiefer in meine Vergangenheit und in meine Psyche abgetaucht. Glaubt mir, da kamen so viele krasse Erkenntnisse an die Oberfläche! Zum Beispiel habe ich früher gedacht, wenn jemand Eifersuchtsszenen fährt, an meiner Kleidung nörgelt, mich nicht rausgehen lässt, mich kritisiert, mir sagt, wie ich Dinge besser machen soll, mich bemuttert, bevormundet, kontrolliert, manipuliert, dann sind das alles Beweise seiner Liebe. Ohne Scheiß. Ich dachte, dieses Verhalten IST Liebe. Heute weiß ich, dass so ein Verhalten absolut gar nichts mit Liebe zu tun hat. Im Gegenteil.

Ich wollte endlich meine Glaubenssätze verstehen. Also, warum ich überzeugt davon war, dass ich verlassen werden muss, um dann wieder zusammenkommen zu können. Warum ich geglaubt habe, dass on-off ein Zeichen von Liebe ist. Warum ich geglaubt habe, jemanden zu lieben und zu brauchen und zu vermissen, der mich verletzt. Und zwar immer und immer wieder. Wie konnte es passieren, dass ich all diesen Bullshit für Liebe gehalten habe? Wer hat mir das beigebracht? Das ist übrigens eine der wichtigsten Fragen, auf die du eine Antwort finden musst, wenn du herausfinden willst, warum du dich verhältst, wie du dich verhältst. Die Antwort bei mir ist: Es sind meine Eltern. Sie haben mir genau dieses Schema vorgelebt. Das heißt, ich habe in meine Kindheit geschaut, habe mir meine Eltern von damals angeschaut – und da hatte ich all meine Antworten.

Mein Vater war viele Jahre älter als meine Mutter, und wenn sie arbeiten war, hat er sich um uns Kinder gekümmert. Meine Mama hat also das Geld für die Familie verdient und mein Dad blieb bei uns Kindern. Hat für uns gekocht. Uns zum Lachen gebracht. Er war ein liebevoller, fürsorglicher Dad. Und obwohl er uns so versorgt und geliebt hat, für uns da war, habe ich ihn trotzdem vor allem in Erinnerung, wie er weggeht. Er war ein schöner, eleganter, charmanter und witziger Mann, äußerst gepflegt und immer sehr gut gekleidet. Irgendwann hat er meine Mama und uns verlassen und ein neues Leben begonnen. Als Kind habe ich natürlich immer gehofft, dass er zurückkommt. Dass die Tür aufgeht und er wieder da ist. Tatsächlich ist er nach ein paar Jahren zurückgekommen zu uns. Ich war so glücklich. Die glücklichste 12-Jährige auf der Welt. Als ich meinen Dad endlich wiederhatte, ist er erneut gegangen. Und dieses Mal für immer. Mein Vater ist gestorben und bis heute fehlt er mir, vermisse ich ihn. Frage mich, ob er stolz auf mich wäre, wenn er mich jetzt als erwachsene Frau sehen könnte. Was er zu meiner Karriere sagen würde. Wie es wäre, wenn er mich zum Altar führen würde. Das sind Fragen, die mich immer noch beschäftigen. Ich halte die Erinnerungen an meinen Dad fest, denn er ist und bleibt für immer ein wichtiger Teil meines Lebens.

Meine Eltern waren tolle Eltern. Alles, was für ein Paar ein gesundes Miteinander ausmacht, wie Aufmerksamkeit, Respekt, liebevolles und loyales Verhalten, habe ich von ihnen gelernt. Da mein Vater oft gekommen und gegangen ist, waren allerdings Männer für mich attraktiv, die unerreichbar waren, die kamen und wieder gingen. Deswegen dachte ich, eine klassische On-off-

Beziehung wäre normal. Damals konnte ich nicht erkennen, dass diese On-off-Typen, die keine ernste Beziehung wollten, gar nicht zu mir gepasst haben. Es hat lange gedauert, bis ich meine falsche Vorstellung von Beziehung los war. Es war viel Arbeit. ABER es ist mir gelungen. Keiner meiner Ex-Freunde hätte heute auch nur den Hauch einer Chance bei mir.

Jetzt fragst du, wie mir das gelungen ist? Wie ich mein Beuteschema verändert habe? Die Antwort lautet Umprogrammierung. Ja, ich habe mich umprogrammiert. Und nein, das ist nicht leicht. ABER ich habe es geschafft – weil ich es wollte. Weil ich gesunde Beziehungen und gesunde Freundschaften möchte. Weil ich nur noch Menschen in meinem Leben akzeptiere, die meine Werte teilen. Ich bin dankbar, dass ich dieses Schloss, von dem ich dachte, dass ich es niemals aufbekommen werde, am Ende doch geknackt habe! Das Schloss war die Frage: Warum muss ich immer und immer wieder den gleichen Schmerz ertragen? Ein Teil des Schlüssels ist mein in der Kindheit erlerntes Verhalten.

Bevor ich das allerdings begriffen habe, musste ich viel über alles nachdenken und mein Verhalten reflektieren. Ich habe mich mit meiner Kindheit konfrontiert, indem ich mir unangenehme Fragen gestellt und nach den passenden Antworten gesucht habe. Und, ganz wichtig, ich habe mir eine Ruhezeit gegönnt, um meine Gedanken zu sortieren. Glaub mir, in deiner Kindheit liegen die besten Antworten auf die Frage, warum du bist, wie du bist, und fühlst, wie du fühlst, und handelst, wie du handelst. Wenn du deine Beziehungen – *fuckboys,* Freundschaften, egal – anschaust, kannst du möglicherweise ein Muster erkennen. Wenn es dir nicht gefällt, kannst du es durchbrechen. Du fragst, wie? Indem du dich umprogrammierst. Indem du beschließt, neue Muster zu weben, neue Verhaltensweisen zu erlernen. Ja, das ist möglich! Deswegen hör bitte auf, zu glauben, mit dir stimmt etwas nicht. Frag bitte nie wieder: »Was stimmt denn mit mir nicht?« Mit dir stimmt alles! Das Einzige, was möglicherweise nicht stimmt, sind die Einflüsse von verschiedenen Menschen, die du nicht bestimmen konntest. Als Kind vertraust du darauf, dass das, was du vorgelebt bekommst, richtig ist. Aber richtig muss nicht automatisch richtig für dich sein.

Ich war so erleichtert, als ich begriffen habe: Ich bin vollkommen in Ordnung, mit mir stimmt alles. Ich habe mich nur an einem falschen Bild orientiert. An dem Bild, das mir meine damaligen Autoritätspersonen vorgelebt haben. Denn was uns vorgelebt wird, ist vertraut. Deswegen glauben wir, genauso muss es sein. Das ist dann die Beziehung, die wir suchen, wenn wir erwachsen sind. Wir suchen nach Mustern, die wir kennen, die wir beherrschen. Aber wenn die Beziehung deiner Eltern nicht von Liebe und Respekt füreinander geprägt war und ist, wenn Streit oder Schweigen bei ihnen der Umgang miteinander ist, wenn Betrug und Vorwürfe Normalität sind, dann ist das nichts, was als Vorbild für dich und deine Beziehungen taugt.

Seit ich das verstanden habe, ist alles anders. Seither habe ich mir nie wieder die Frage gestellt: »*Warum immer ich?*« Weil ich die Lösung gefunden habe. Die Lösung lautet: Durchbrich, was du einst einprogrammiert bekommen hast! Auch wenn du dachtest, es ist gut. Wenn du einen guten Mann möchtest, eine loyale Freundschaft, dann darfst du nicht nach dem Programm vorgehen, das dir antrainiert wurde. Denn es ist die Geschichte deiner Eltern – nicht deine! (Leider haben nur wenige von uns das Glück, Eltern zu haben, die als Ehepaar wertschätzend, liebe- und respektvoll miteinander umgehen.) Ich habe eine Mutter, die mir gute Werte beigebracht hat. Sie hat mir zum Beispiel beigebracht, eine unabhängige Frau zu werden. Das Ziel war nie, zu heiraten, sondern sie wollte, dass ihre Töchter die Welt sehen. Und dieselben Chancen haben wie unser Bruder. Unsere Eltern waren für uns da. Das sind die Sachen, die gut waren in meiner Kindheit. Gute Werte bringen dich weiter im Leben.

Deswegen lies bitte die folgenden Sätze langsam und laut: *Ich habe das Recht, meine eigene Geschichte zu erleben. Ich habe das*

Recht, eine glückliche Beziehung und glückliche Freundschaften zu haben. Lies es ein paar Mal laut. Schau dich dabei im Spiegel an. *Ich habe das Recht, meine eigene Geschichte zu erleben. Ich habe das Recht, eine glückliche Beziehung und glückliche Freundschaften zu haben.* Sag es noch ein bisschen lauter, fröhlich und energisch! Heb dein Kinn und mach dich gerade und schau dir dabei in die Augen. *Ich habe das Recht, meine eigene Geschichte zu erleben. Ich habe das Recht, eine glückliche Beziehung und glückliche Freundschaften zu haben.* JA! Du hast das Recht, deine eigene Geschichte zu erleben und eine glückliche Beziehung und glückliche Freundschaften zu haben. Das ist der Schlüssel, mit dem ich das Schloss geknackt habe! Was ist deine Schlussfolgerung aus dieser Erkenntnis? Dass du das Recht hast, deine eigene Geschichte zu erleben? Dass du das Recht hast, eine glückliche Beziehung und glückliche Freundschaften zu haben? Ich kann dir verraten, welche Erkenntnis ich für mich gewonnen habe: Ich brauche nicht jeden in meinem Leben. Ich bestimme, wen ich hineinlasse. Das Wissen gibt mir tiefen Frieden.

Es ist krass, wie viel leichter das Leben ist, wie viel ruhiger und schöner. Jetzt, wo ich praktiziere, was ich in meinen 20ern erlebt und in meinen 30ern begonnen habe aufzuarbeiten. Ja, es passieren hier und da immer noch Fehler. Es wäre dumm, zu glauben, nur weil man etwas verstanden hat, passiert nichts Blödes mehr. Aber ich habe jetzt das Instrument, meine Fehler zu sehen und in etwas Besseres umzuwandeln. Du kannst nichts korrigieren, was passiert ist. Du kannst nur das, was passiert ist, beim nächsten Mal besser machen. Vielleicht bin ich zwei Mal mit der gleichen Geschichte auf die Schnauze gefallen. Vielleicht habe ich zwei Mal der falschen Person vertraut. Vielleicht habe ich mich zwei Mal beruflich über den Tisch ziehen lassen. Aber ein drittes Mal mache ich den Fehler definitiv nicht. Denn jetzt vertraue ich mir, meinem Instinkt und meinen Erfahrungen.

Das gilt übrigens auch für Dates. Wenn du datest, wirst du irgendwann – besser früher als später – eine Entscheidung treffen. Eine gute Entscheidung. Mein Rat ist: Bevor du eine Entscheidung für jemanden triffst, geh kurz zurück in deine Kindheit und überprüfe, ob das, was jetzt gerade passiert, etwas ist, das du gelernt hast. Ob du glaubst, dass dieser Mensch deswegen zu dir passt, weil du übernommen hast, was dir vorgelebt wurde. Denn wenn du immer ignorierst, dass du nicht nach dem suchst, was DU willst, unabhängig davon, was du gelernt hast, was dir einprogrammiert wurde, dann wirst du immer wieder auf die Fresse fallen. Und dann wirst du dir immer und immer wieder die Frage stellen: »Warum immer ich?«

Die Liebe zu einem Menschen ist mehr als nur Anziehung, mehr als Sexyness. Die Liebe zwischen Menschen ist auch immer eine Entscheidung. Das gilt sowohl für Freundschaften als auch für Beziehungen. Mit 16 fand ich einen Jungen aus der Nachbarschaft unglaublich sexy. Ich wollte ihn so hart kennenlernen, dass ich studiert habe, wann er wo ist. Wann er den Bus nimmt. Wann er wie lange durch den Park zur Schule geht. Jeden seine Schritte habe ich studiert *like hell.* (Ich habe ihn in dem Glauben gelassen, wir treffen uns zufällig.) Er hatte haselnussbraune Augen mit grünen Sprenkeln. Und wenn die Sonne schien, war sein Blick nicht von dieser Welt. Der Typ war Sprayer, einfach nur cool und süß und roch so gut – er hat so cool geraucht, eine Mischung aus James Dean und Tupac. Das war mein *shit.* Nur seinetwegen wollte ich auch rauchen.

Wir sind beide also jeden Tag durch den Park gelaufen. Ich immer hinter ihm. Und eines Tages? Ja, da hat er mich endlich angesprochen. Seine Stimme hat perfekt zu ihm gepasst. Es war so krass. Unser gemeinsamer Weg zur Schule wurde immer langsamer, weil wir uns so gut unterhalten haben. Es war uns egal, wenn wir zu spät kamen. Und dann haben wir uns irgendwann auch nach der Schule getroffen. Haben uns über alles unterhalten. Ich war so verliebt! Ich war zu 1000 Prozent überzeugt, wir würden heiraten, auf Sizilien leben, mit zehn Kindern. Ganz große Teenagerliebe. Irgendwann haben wir dann auch über Gott gesprochen. Du kennst mich, ich liebe Gott. Und was sagt mein künftiger Ehemann und Vater meiner zehn Kinder? »Es gibt keinen Gott.« WHAT?! Er sagt nicht mal, dass er nicht an Gott glaubt. Sondern: »Es gibt keinen Gott.« Meine Welt ist in eine Million Teile zersprungen. Wir haben so krass gestritten! Ich habe ihn angeschrien.

Damit war dieses unfassbare Jahr mit langen Spaziergängen, mit Küsschen auf die Wange und so vorbei. Von jetzt auf gleich. Das war mein erster schlimmer Liebeskummer. Und obwohl ich so krass verliebt und erst 16 Jahre alt war, war ich schlau genug, die richtige Entscheidung für mich zu treffen. Denn schon damals war ich davon überzeugt, dass Werte Menschen miteinander verbinden. Wenn dein Gegenüber aber deine Werte nicht teilt, dann passt ihr nicht zusammen.

Hätte ich mich als Erwachsene an die kluge 16-jährige Senna gehalten, dann hätte es nicht so viele Arschlöcher in meinem Leben gegeben. Liebe ist eine Entscheidung. Du entscheidest, wen du liebst. So ist es ja auch mit Liebeskummer. Er ist real, er schmerzt. Aber du entscheidest, wie lange du unter Liebeskummer leiden willst. Wir sind so verdammt schlaue Wesen – aber wenn es um Gefühle geht, sind wir echt hart stehen geblieben. Wir kapieren nicht, dass da ein Mensch ist, der uns nicht will. Du trauerst ewig und drei Tage einem Menschen hinterher, der dich nicht liebt, nicht respektiert, der dich schlecht behandelt, dich belügt und betrügt und vielleicht sogar hasst. Der dich wie den letzten Dreck behandelt. Und dann jammerst du: »Warum immer ich?« Du willst diesen *motherfucker* zurückhaben?! Stopp. Schluss damit. Ab sofort. Denn wenn du schon verzweifelt bist, dann stell dir die richtige Frage: »Warum lasse ich es immer zu?« Denn alle anderen Fragen – warum ruft er nicht an, warum betrügt er mich, warum liebt er mich nicht mehr – kannst DU nicht beantworten. Du bist nicht er. Nur er könnte diese Fragen beantworten. Die Antworten, die du dir selbst gibst, sind nichts als ein Echo in deinem Kopf, eine Stimme – aber definitiv nicht seine.

Es ermüdet und frustriert dich, dass du keine befriedigende Antwort bekommst, richtig? Denn wir wollen ja immer auf jede dieser Fragen eine Antwort von dieser einen Person, die uns das Herz gebrochen hat. Aber diese Person kennt die Antwort vielleicht gar nicht oder hat kein Interesse, noch mal mit dir zu sprechen. Die einzige Frage, die DU beantworten kannst, ist, warum du so empfindest, wie du empfindest. Also, mach dich auf die Suche. Tauch ein in deine Kindheit, und du wirst die richtigen Antworten finden, die dir helfen werden, in Zukunft nicht mehr auf die falschen Typen oder die falschen Freundinnen reinzufallen.

Stell dir die richtigen Fragen und du bekommst die ehrlichsten Antworten. Denn du hast die Kraft, das UNMÖGLICHE zu tragen.

18.
SEI DEIN EIGENES WUNDER

Leilas Leben ist ein einziger Kampf. Ihre erste Beziehung ist gescheitert. Ihr zweiter Freund hat ihr Konto leergeräumt. Vor kurzem musste sie aus ihrer Wohnung ausziehen. Die einzige Wohnung, die sie haben könnte, kostet ein Vermögen. Trotzdem zieht Leila dort ein und fühlt sich vom ersten Tag an unwohl. Kurz darauf bekommt sie auch schon wieder die Kündigung – die Wohnung wird verkauft. Also muss Leila wieder auf die Suche. Dabei lernt sie Mesut kennen. Sie verlieben sich ineinander. Leila hofft, ab jetzt wird alles besser. Doch stattdessen wird ihr Vater schwer krank. Er ist Witwer und Leila liebt ihn über alles. Weil sie sich um ihn kümmert, verliert sie einen wichtigen Auftrag und damit viel Geld. Mesut hat keine Lust auf Drama und lässt seine Freundin allein. Als ihr Vater stirbt, ist Leila am Tiefpunkt ihres Lebens – Papa tot, keine Wohnung, kein Job und Mesut ist wie vom Erdboden verschwunden. Leila ist am Ende.

Es gibt zwei Arten von Schmerz: der, der dich bricht, und der, der dich verändert. Beide Formen kenne ich. Aber ich bin ein Fan der positiven Veränderung, zum Beispiel, aus Schmerz etwas Gutes zu formen. Wenn ein Mensch verzweifelt ist, dann möchte er entweder aufgeben – oder er glaubt an Wunder. Ich glaube an Wunder. Deswegen habe ich an meinem tiefsten Tief eine Liste geschrieben mit den Dingen, die ich erreichen möchte. Das Wichtigste als Erstes und so weiter. Ganz oben stand *wieder Erfolg haben*, auf großen Bühnen stehen, ein Programm schreiben, ein Buch schreiben, eine Schauspielrolle bekommen. Meine Wünsche habe ich nicht in Schönschrift oder auf ein besonderes Papier mit goldenem Rand oder so geschrieben, sondern auf die Rückseite einer Rechnung. (Eine, die mich daran erinnert, dass ich mal wieder zu großzügig gewesen bin, obwohl ich es mir zu dem Zeitpunkt gar nicht leisten konnte. Übrigens habe ich diese Liste noch.) Dadurch, dass ich meine Wünsche aufgeschrieben habe, habe ich sie manifestiert! *I swear to God*, ALLES, was auf dieser Liste stand, ist genauso und vor allem in genau der Reihenfolge passiert! Diese Liste, die Manifestation meiner Wünsche, ist mein Wunder. Und der Allmächtige hat es mir gewährt.

Natürlich gibt es für so ziemlich alles immer eine wissenschaftliche Erklärung. Ich glaube nicht an Magie, dafür aber an Gott, an Fleiß, Disziplin und Geduld. Und ich glaube an die Kraft der Gedanken. Wenn ich also eine positive Einstellung zu mir und dem Leben habe, dann macht das gute Gedanken. Wenn du gute Gedanken hast, werden sie zu guten Entscheidungen. Und gute Entscheidungen machen dann unsere Persönlichkeit aus. Daran halte ich mich! Natürlich ist es verständlich, dass man die Hoffnung verliert, wenn einem das Leben komplett um die Ohren fliegt. Wenn alles so furchtbar erscheint, dass man sich nicht vorstellen kann, dass es je wieder besser wird. Ich meine, es gibt so harte Schicksalsschläge, von denen man glaubt sich nicht wieder erholen zu können. Wenn ein geliebter Mensch stirbt. Wenn du deine Wohnung und auch noch deinen Job verlierst. Wenn du betrogen, belogen und dann verlassen wirst. Wenn du eine schlimme Krankheit bekommst. Manchmal passieren so viele schreckliche Dinge gleichzeitig. Es ist normal, dass du dann komplett überfordert bist, dich wie gelähmt fühlst, verzweifelst und die Hoffnung verlierst.

Aber trotzdem bleibt die Hoffnung, sie ist da. Wie eine Flamme – sie erlischt niemals, sie brennt immer. Auch wenn du sie in dem Moment nicht sehen kannst. Denn wie so vieles ist es am Ende eine Entscheidung – willst du die Hoffnung haben oder willst du sie aufgeben? Willst du an ein Wunder glauben oder willst du dich aufgeben? Damals, nachdem ich diesen schrecklichen Parasiten endlich los war und in meiner neuen Wohnung saß, habe ich mich trotzdem nicht wohl gefühlt. Alles war dunkel – die Wohnung an sich, die Möbel, meine Stimmung. Der Nachbar war gruselig, die Gegend war nicht gut. Und das, wo doch die Wohnung unser Rückzugsort, unser Ruhepol sein sollte, an dem wir uns sicher und wohl fühlen, an dem wir Kraft tanken und Frieden haben.

Aber diese neue Wohnung war das damals alles nicht. Ja, die Gegend war erstmal meine Rettung vor meiner schlimmen Feindin. Ja, die neue Wohnung war das sichtbare Zeichen, dass ich wieder von vorne, dass ich neu anfange. Aber weil meine Seele so verletzt und dunkel war, weil auch die Gegend nicht wirklich freundlich war, habe ich mich in der Wohnung nicht wohl gefühlt. Dazu mein Nachbar, mit dem ich Tür an Tür gelebt habe. Er war groß und unhöflich und ständig besoffen. Er hat mir Angst gemacht. Eines Tages hat der Typ bei mir geklingelt, morgens um drei! Wenn du um die Uhrzeit aus dem Schlaf gerissen wirst, denkst du ja nicht richtig nach, also habe ich die Tür geöffnet. Da stand mein Nachbar. Besoffen und stinkend und torkelte in meine Wohnung. Zum Glück wollte er nichts von mir. Er hatte einfach nur die Wohnung verwechselt. Aber mir hat diese Aktion eine unfassbare Angst gemacht, auch weil ich in dem Haus niemanden kannte. Ich hätte niemanden um Hilfe bitten können. Vermutlich wäre nicht mal jemand gekommen, wenn ich um Hilfe gerufen hätte. Es war eine wirklich dunkle Phase in meinem Leben. Durch die Erfahrung mit meinem Ex und dieser Teufelin ging es mir einfach nicht gut.

Als ich dann alleine und unglücklich und verängstigt in meiner Wohnung saß, wurde mir plötzlich klar, dass es so nicht weitergehen konnte. Und ich begriff, dass meine schlechte Einstellung mir schlechte Gedanken machte. Wie sollte meine Persönlichkeit da hell und freundlich sein? Wenn du alles schwarzsiehst, ziehst du auch nur noch Negatives an. So war das bei mir in dieser Zeit. Ich konnte die Flamme der Hoffnung nicht mehr sehen. Damals habe ich nur gedacht, dass Hoffnung die größte Lügnerin aller Zeiten ist. Was natürlich Bullshit ist. Es geht um deine Einstellung zu dir selbst und zum Leben. Die ist wichtig. Die sollte positiv sein. Denn nur DU kannst die Situation, in der du bist, verändern. Es spielt keine Rolle, wie viel Geld du auf dem Konto hast oder welcher Freund dir zur Seite steht – die Lösung ist immer DEINE Einstellung zur Situation, in der du gerade steckst. Ich sage nicht, du musst jetzt das Beste draus machen. Das funktioniert nicht, wenn du hilflos, verzweifelt, einsam und hoffnungslos bist. Wenn du überhaupt keine Kontrolle mehr über dein Leben hast. Wenn sich die Probleme immer und immer mehr häufen – ich kann darüber Lieder schreiben! Denn egal wie schön das Leben ist, es ist eben auch ungerecht.

Du fragst, wie soll ich anfangen? Wie bekomme ich mein Leben wieder unter Kontrolle? Du kennst meine Antwort. Es ist deine Einstellung. Nimm das Problem an, ohne es noch größer zu machen. Und dann konzentriere dich auf die Lösung. Im Fall meiner Wohnung damals war mein Problem: Ich konnte nicht atmen. Ich fühlte mich nicht wohl. Und wenn ich mich nicht wohl fühle, kann ich nicht runterkommen. Wenn ich nicht runterkommen kann, kann ich nicht schlafen. Wenn ich nicht schlafen kann, kann ich nicht denken. Wenn ich nicht denken kann, kommt nichts Gutes dabei raus, werde ich keine Lösung für mein Problem finden. Also, was habe ich getan? Ich war nur noch unterwegs. Ich habe gearbeitet, um Geld zu verdienen, um mir eine andere Wohnung leisten zu können. DAS war meine Lösung für mein Problem mit der Wohnung, in der ich mich nicht wohl gefühlt habe. Mit Gottes Hilfe und meiner Energie *(ich will hier raus, ich will was Neues beginnen, ich will zuversichtlich sein)* hat sich als Erstes meine Einstellung verändert.

Guess what. Plötzlich war meine Wohnung gar nicht mehr so dunkel. Der Nachbar ist verschwunden, ein neuer Mieter zog ein. Ich kannte ihn, er war Kameramann. Weil ich mal mit ihm gearbeitet hatte, gab er mir ein sicheres Gefühl. Und obwohl es jetzt immer besser wurde, blieb mein Wunsch bestehen: Ich will hier weg. Um das zu erreichen, habe ich meinen großen Wunsch manifestiert. Ein Jahr lang habe ich immer und immer wieder auf das Gebäude gezeigt, in dem meine Traumwohnung war, und gesagt: »Ich werde da wohnen.« Ich habe nicht gesagt: »Da möchte ich wohnen.« Nein, gesagte habe ich, ich WERDE da wohnen. Inshallah (So Gott will). Und dann habe ich einen Besichtigungstermin in dem Gebäude bekommen. Und es wird noch besser. Dann habe ich auch noch diese Wohnung bekommen, auf die ich ein Jahr gehofft habe. Das war so heftig. Die Wohnung war so hell und hat all das mitgebracht, was ich in den anderen Wohnungen immer vermisst habe. Ich habe mich vom ersten Moment an wohl gefühlt. Und ich war so, so, so glücklich. Ab sofort würde ich in einer hellen, freundlichen Wohnung leben. Nenne es, wie du willst – glückliche Fügung, Zufall, Gottes Wille, Fleiß, positive Einstellung. Vielleicht war es eine Mischung aus allem. Aber egal.

Seitdem lebe ich in meiner Traumwohnung und bin dankbar und glücklich. Deswegen sage ich: Fokussiere dich auf das, was du dir wünschst. Denn das Geheimnis hinter diesem Wunder ist tatsächlich kein Geheimnis. Es ist die Einstellung zu dir selbst. Ich wusste immer, wer ich bin und wo meine Wurzeln sind, und natürlich habe ich immer meine Werte gekannt. Aber damals, nach diesem Drama mit der gescheiterten Beziehung und dieser Fake-Freundin, die der Feind in meinem Bett war, nach dem Umzug in diese dunkle Wohnung war ich so weit entfernt von mir wie noch nie zuvor. Ich hatte keine stabile Beziehung zu mir. Ich fühlte mich nicht mehr wohl in meiner Haut. Meine Einstellung zu mir war nicht gefestigt.

Mit dem Umzug in meine Traumwohnung begann eine neue, eine positive Phase. Was ich sagen will: Veränderung kann jeden Tag passieren und passiert auch jeden Tag, jeden Moment. Schau dir ein Foto von dir von vor zwei Jahren an. Oder von vor einem Jahr. Siehst du aus wie jetzt, in diesem Moment? Nein. Vielleicht hattest du damals eine andere Einstellung. Vielleicht hattest du andere Augenbrauen. Vielleicht eine andere Haarfarbe. Vielleicht hattest du einen anderen Freundeskreis. Vielleicht hattest du noch kein Haustier. Vielleicht hattest du noch kein Kind. Vielleicht warst du noch nicht verheiratet. Vielleicht hat deine Mama noch gelebt. In einem Jahr kann so unfassbar viel passieren, sich so viel in deinem Leben verändern. Denn auch wenn uns Veränderung oft Angst macht, muss sie nicht immer was Negatives sein. Im Gegenteil. Wichtig ist nur, zu wissen: Der Schlüssel zum Erfolg, zu einer guten Partnerschaft, zu guten Freundschaften, zu einem guten Leben ist eine stabile Beziehung zu dir selbst. Erst dann wirst du eine positive Einstellung zu dir selbst haben. Und mit einer positiven, freundlichen, hellen Einstellung zu dir selbst wird sich dein Leben in die Richtung verändern, die positiv und freundlich und hell ist.

Das ist das Geheimnis, von dem alle immer reden. Du findest diese Antwort simpel? Du kannst nicht glauben, dass es nicht viel komplizierter ist? Glaub mir, Schwester, die Antwort ist simpel! NIEMAND auf der Welt kann irgendetwas für dich in deinem Leben ändern. NIEMAND – außer DIR. Kein Geld auf der Welt wird es ändern – nur DU selbst! Versteh mich nicht falsch. Natürlich ist es schön, eine gute Freundin zu haben. Es ist wunderschön, in einem gut bezahlten Job zu arbeiten und unabhängig zu sein. Eine tolle Wohnung zu haben. Sich all die Dinge leisten zu können, die du dir leisten möchtest. Aber all das ist nichts, wenn du nicht glücklich bist. Dann wirst du Luxus und Überfluss brauchen, weil du glaubst, dieses Materielle macht dich glücklich. Aber denkst du wirklich, dass schicke Klamotten, Designerhandtaschen, edler Schmuck, teure Urlaube dich auf Dauer glücklich machen? Ich hatte all das – aber war ich deswegen erfüllt? Konnte ich es wirklich genießen? Nein. Weil ich nicht mit mir glücklich war.

Aus dieser Erkenntnis heraus weiß ich heute, dass für mich das höchste Gut, die krasseste Währung auf dieser Welt nicht Geld ist – sondern ZEIT! Zeit ist unbezahlbar. ZEIT ist die Antwort auf ALLE meine Fragen. Denn wenn ich meine Zeit falsch verbringe, komme ich irgendwann an den Punkt, dass sie abgelaufen ist und ich nichts erschaffen habe. Ich saß zum Beispiel in dieser Wohnung und habe die letzten Jahre Revue passieren lassen und war erschrocken, wie schnell sie vorbeigegangen sind. Und ja, ich hatte viel, sehr viel gearbeitet und sehr viel geleistet und sehr viel erreicht. Aber war ich glücklich? Bin ich in diesen Jahren wirklich glücklich gewesen? Oder war es nur der Moment, der mich glücklich gemacht hat – wenn ich Applaus oder eine goldene Platte bekommen oder die Verkaufszahlen meines Buches gesehen habe? Es war nicht das Gefühl von Glück, das ich da gespürt habe, sondern die Freude über die wohlverdiente Anerkennung für meine harte Arbeit.

Es blieb die Frage: War ich wirklich glücklich in meinem Leben? Es war irritierend und schockierend, als mir bewusst wurde, dass ich diese Frage nicht beantworten konnte. Es war mein nächster *wake-up call.* Es heißt ja immer, Glück sei nur ein flüchtiger Moment. Vielleicht ist das tatsächlich so. Für mich bedeutet Glück (innerer) Frieden. Mir wurde klar, nur wenn ich in einer guten Beziehung zu mir bin, kann ich in FRIEDEN mit mir sein. Die Entscheidung, mich genau darauf zu konzentrieren, ist mir leichtgefallen. Deswegen war es auch einfach, die dafür notwendige Zeit zu investieren. Und noch mal von vorne anzufangen. Wieder mal. Dieses Mal wollte ich es richtig machen. Dafür habe ich mir meinen Wunschzettel angeschaut und meine ersten Punkte abgehakt. Verstehst du? Ich habe meinen Erfolg hart vorbereitet.

Damals waren nur wenige auf Instagram aktiv. Also brauchte ich ein Live-Publikum, um zu erreichen, was ich erreichen wollte. Um wieder bekannt, wieder aktuell zu werden, brauchte ich sehr viele Auftritte. Also bin ich in unendlich vielen verschiedenen Großraumdiskotheken aufgetreten – jeweils von donnerstags bis sonntags. Ohne Scheiß, während dieser Zeit habe ich eine regelrecht Club-Phobie entwickelt. Und das mir! Mit 16 war Disco mein Leben! Mein Motto war, du kriegst mich aus der Disco raus, aber die Disco niemals aus meinem Leben! Und auch mit 20 habe ich noch gesagt, wie kann man nicht in Clubs gehen und stattdessen freiwillig zuhause bleiben? Wie kann man nur?! Mit 30 habe ich mich irgendwann mal in einem Club verloren, um meinen Schmerz zu ertränken.

Jedenfalls war ich ein Jahr lang alleine auf Tour, als Ex-Monrose-Star. Im Vergleich zu meiner Zeit mit den Mädchen habe ich wenig verdient. Es war tierisch anstrengend, die Bühne alleine zu rocken. Ein Knochenjob. JEDES Wochenende. Ihr denkt, ich bin erster Klasse geflogen? Habe in tollen Luxushotels übernachtet? *No way.* Von Stadt zu Stadt mit der Bahn. Ganz normal. Wichtig war nur, von A nach B zu kommen. Mit besoffenen Typen, die mich zugequatscht haben, mit aufdringlichen, unangenehmen, respektlosen, übergriffigen Menschen. Ich habe mich so hart durchgebissen und zwischendurch war es einfach nur die Hölle. ABER es war auch großartig. Denn ich hatte die Kontrolle über mein Leben zurück. Ich stand wieder auf der Bühne, war in Kontakt mit meinem Publikum, ehemalige Zuschauer tauchten auf, neue Supporter kamen dazu. Ich habe Scheiße gefressen. Aber mich niemals fressen lassen – und alles hatte immer einen Hauch Glamour. Denn ich hatte ein klares Ziel vor Augen: *back on stage.*

Ich erzähle euch das, damit ihr eine Vorstellung davon bekommt, wie dieses Leben ist. Denn auch wenn es vielleicht so aussieht – ich habe in meinem Leben NICHTS geschenkt bekommen. Gar nichts. Ich bin nicht das Glückskind, das ein sorgloses Leben lebt, weil es einen reichen Typen geheiratet hat, der ihm das Leben finanziert. Und sind wir mal ehrlich – wenn der Typ reich UND cool ist, dann hast du den Jackpot. Dann wird er dich unterstützen bei allem, was du vorhast. Bei deinem eigenen Business wird er an deiner Seite sein. Er wird sich auch nicht klein fühlen neben dir. Frauen, die es mit Hilfe eines Typen schaffen, würde ich NIEMALS verurteilen. Warum auch? Ich würde es genauso machen. Aber das ist mir eben nie passiert. Beruflich habe ich nicht viele Chancen bekommen – die, die ich hatte, habe ich mir erarbeitet. Ich wurde von keinem Förderer *gepusht*, der mein Talent gesehen hat. Es gab niemanden, der mich unterstützt hat.

Schon damals war ich ehrlich, direkt, lustig, große Fresse, eben ein bisschen Ghetto. Das, was heute so gefragt ist, war damals einfach nicht angesagt. Damals wollten sie niedliche, hübsche Püppchen, die ein bisschen blöd wirkten. Aber ist Verona Pooth blöd? Ist Sylvie Meis blöd? NEIN! Die beiden sind clevere Geschäftsfrauen, die damals von allen unterschätzt wurden. Ich bin nun mal keine Barbie, die mit makelloser Optik punktet. Nein. Ich punkte mit meinem Charakter, mit meiner dominanten, starken Persönlichkeit. Und ganz ehrlich? Ich bin selbstbewusst genug, um zu sagen, mich müssen nicht alle mögen oder toll finden oder mir applaudieren. Nein, es war nicht leicht, sich als Frau mit Migrationshintergrund durchzusetzen, Erfolg zu haben, selbstbewusst zu sein. Wenn man irgendwo anecken konnte, dann bin ich angeeckt. Immer. Weil ich mich entschieden habe, zu mir zu stehen.

Es gab Zeiten, da habe ich mich natürlich gefragt: Wozu tue ich mir das eigentlich an? Wofür der Kampf? Mit Anfang 30 war ich so unendlich erschöpft. Ich hatte gefühlt schon zehn Leben gelebt und war so müde. Dann habe ich mir selbst in den Hintern getreten und befohlen: *Du wirst jetzt nicht aufgeben! Du bist schon so weit gekommen. Ja, Monrose ist vorbei. Jetzt beginnt was Neues! Mach weiter.*

Ja, vielleicht waren einige von denen, die mir zugerufen und applaudiert haben, besoffen – wahrscheinlich waren sogar die meisten besoffen, wenn ich in diesen Großraumdiscos und Clubs aufgetreten bin und meine Show abgezogen, gesungen und getanzt habe. Aber ich habe mir eine neue *base* aufgebaut. Mein Instagram-Account ist mehr und mehr gewachsen, meine Motivation wuchs, *peu à peu* ist mein Erfolg größer geworden. Und bis heute fasziniert mich, dass alles genau in der Reihenfolge passiert ist, wie ich es damals auf der Rückseite einer Rechnung geschrieben und damit manifestiert habe.

Es wird bestimmt Menschen geben, die sagen, da war eine Fee am Start oder Aladin mit der Wunderlampe. Ich glaube, es war Gott. Und meine Disziplin und mein Fokus. Ich hatte zu der Zeit keine Freunde, keine Zeit für eine Beziehung. Ich habe mich nur auf mich und mein Ziel konzentriert. Mich nur mit Menschen getroffen, die das gleiche Ziel hatten wie ich. Oder die weiter waren als ich, die mich auf meinem Weg bestärkt, mich inspiriert haben. Wir haben uns gegenseitig unterstützt – und so habe ich immer mehr gelernt, wie das Business funktioniert. Dieter Bohlen ist nie auf mich zugekommen und hat gesagt: »Komm, wir machen was zusammen. Ich protegiere dich. Ich helfe dir, groß rauszukommen.« Nein. Ich hatte nie das klassische Vitamin B. Alles, was ich geschafft habe, habe ich alleine hinbekommen. Aus eigener Kraft. Darauf bin ich stolz. Mich hat niemand gefördert. Ich gehöre zu den Menschen, die andere fördern. Und das werde ich in Zukunft auch tun.

Und weißt du, warum ich als Förderin gut sein werde und genauso Erfolg haben werde wie bisher? Weil ich WEISS, wie es sich anfühlt, wenn jemand sagt: »Ich bin unglücklich. Ich will hier raus. Ich habe einen Traum.« Ich kann diesen Menschen die besten Ratschläge geben, weil ich es selbst erlebt und durchlitten habe. Denn ich bin diesen verdammt harten Weg gegangen, mit großem, großem Erfolg. Ich kenne die Formel für Erfolg. Und ich denke, ich verstehe sehr gut, wo die Person ist – denn da war auch ich mal. Ich muss nur zurück an mein zweites Buch denken *(In dein Gesicht – Erfolg ist die beste Rache)*. Damals bin ich auf der Erfolgswelle geritten. Dann kam Corona und hat alles zerstört. Hat mir meinen Erfolg verweigert. Ich konnte nicht auftreten, obwohl ich ein tolles Buch geschrieben, ein tolles Bühnenprogramm hatte.

Aber das ist das Leben. Das sind eben diese Schläge, die du ertragen und aushalten, aus denen du das Beste machen musst. Ja, es war ungerecht. Ich hatte so hart gearbeitet. ICH hatte es geschafft, die Karriereleiter hochzuklettern, ohne Unterstützung. Und dann passierte, was passiert ist. Nicht für einen Tag oder eine Woche oder einen Monat. Nicht mal für ein Jahr. Sondern für zwei verfickte Jahre! Weil das Leben einfach ungerecht ist. Ohne zu jammern, aber Corona hat meine Karriere zerstört. Ich saß in meiner neuen, hellen Wohnung. In meinem tollen Bezirk. Mit meiner schönen Nachbarschaft. Endlich wieder mit Geld auf dem Konto. Aber ich durfte meine Kunst nicht mehr leben, durfte nicht mehr auf die Bühne. Und ich dachte nur: *Ernsthaft? Schon wieder alles auf Anfang? Ich kann nicht mehr. Keinen Bock mehr.*

Und *guess what*: Jetzt sind wir hier. Am Ende des Anfangs. Ein weiteres Kapitel meines Lebens ist geschrieben. Jetzt geht's wieder von vorne los. Soll ich euch was verraten? Jetzt wird es noch krasser! Bei meinem ersten Buch hatte ich Liebeskummer und die Erkenntnis, dass ich eine Beziehung zu mir aufbauen muss. Beim zweiten Buch war ich mitten in der Lernphase. Und jetzt, mit meinem dritten und letzten (Sach-)Buch kann ich euch sagen: Ich war auf der ganzen Welt, an den schönsten und hässlichsten Orten. In den teuersten und den preiswertesten Hotels. In der Wildnis und in den Städten. Ich war auf roten Teppichen, auf krassen Veranstaltungen, tollen Geburtstagen, ich habe in meiner

Zeit als Servicekraft im Hard Rock Cafe den damals großen Magier David Copperfield bedient und von ihm eine rote Rose geschenkt bekommen. Ich habe mich mit Lionel Richie unterhalten. Wurde von Jean-Claude van Damme in seine Suite eingeladen. Dwayne »The Rock« Johnson hat mich als seine beste Freundin bezeichnet. Harrison *fucking* »Indiana Jones« Ford hat mir Komplimente gemacht. Egal, wo ich war, wen ich getroffen, mit wem ich geflirtet habe, ich hatte immer nur den Wunsch, diesen einen Menschen zu finden, der mich liebt. Auf dieser langen Suche habe ich zwar nicht diesen einen Menschen gefunden, aber etwas viel Besseres. Ich habe mich gefunden.

Ich bin Clumsy, ich bin Mister Big, ich bin meine große Liebe. Und alles, was jetzt noch kommt – komm zu mir. Ich kann es kaum noch erwarten. Weil ich weiß, wie ich mit dir umgehe, und deswegen freue ich mich, dich kennenzulernen.

Es fing an mit »Es war einmal« und endet jetzt und hier mit »Und wenn sie nicht gestorben ist, dann schreibt sie noch«.

19.
DANKE

Ihr Lieben, was kann ich zum Schluss dieses Buches anderes sagen als DANKE! Danke für eure Treue, für euer Vertrauen, für euren Support. Seit so vielen Jahren folgt ihr mir. Nehmt ihr teil an meinem Leben, seid bei mir, steht zu mir, verteidigt mich und vergebt mir. Ihr seid meine Community. Wie die Freundin, die immer für mich da ist. Es war mein großer Wunsch, dieses letzte Buch zum Thema Liebeskummer für euch zu schreiben. Noch nie habe ich mich so weit geöffnet, noch nie so viele Details aus meinem Leben verraten. Denn ich wünsche mir, dass sich jeder von euch – ganz gleich welches Geschlecht ihr habt, welche Nationalität, welchen Glauben – aufgehoben, gesehen und verstanden fühlt. Alles, was ich euch in diesem Buch erzähle, all meine Geheimnisse, die ich mit euch teile, all meine Erkenntnisse der vergangenen Jahre sollen euch helfen, unterstützen, euch inspirieren und ermutigen, zu euch und euren Gefühlen, zu euren Träumen zu stehen, euch aus alten Mustern zu befreien, um glücklich zu werden.

Ich danke Gott, der über mich wacht, mich beschützt und mir hilft, ein guter Mensch zu sein.

Ich danke dem Leben, das so wunderbar ist, voller Überraschungen und Herausforderungen und Schmetterlinge.

Ich danke meiner Familie, vor allem meiner Mama, der wundervollsten Person auf diesem Planeten, dem wichtigsten Menschen in meinem Leben. Mama, du bist der beste Mensch, den ich kenne, und mein großes Vorbild. Deine Güte, deine Liebe und deine unerschütterliche Stärke haben mir immer gezeigt, was es heißt, bedingungslos zu lieben und niemals aufzugeben. Du hast mir gezeigt, wie wichtig es ist, mit offenen Augen und einem offenen Herzen durch die Welt zu gehen. Deine Wärme und Fürsorge sind wie ein sicherer Hafen, zu dem ich immer zurückkehren kann, egal, wohin das Leben mich führt. Danke für alles, was du bist, und alles, was du tust.

Und ich danke Dunia, meiner großen Schwester, die mich immer wieder inspiriert, ein noch besserer Mensch zu werden. Du warst immer mehr als nur eine große Schwester für mich. Du warst mein Fels, meine Ratgeberin und oft auch mein Schutzschild. Ich wusste immer, dass ich mich auf dich verlassen kann. Danke, dass du mir gezeigt hast, was es bedeutet, stark und gleichzeitig liebevoll zu sein. Deine Unterstützung und dein Glaube an mich bedeuten mir alles. Ich bin so dankbar für all die Erinnerungen, die wir zusammen geschaffen haben, und für all die Male, in denen du mir zur Seite gestanden hast. Ich bewundere dich für die Anmut und Würde, mit der du jeden Tag durchs Leben gehst. Liebe Dunia, danke, dass du die beste Schwester bist, die ich mir wünschen kann. Ich hoffe, dass ich dir eines Tages genauso viel zurückgeben kann, wie du mir gegeben hast.

Danke, Medeni. Mein Freund, Bruder, engster Vertrauter. Du warst bedingungslos für mich da in einer der schlimmsten, einsamsten Phasen meines Lebens, weil alle anderen gegangen waren. Du hast mich nicht alleingelassen. Durch dich weiß ich, was wirklich wahre Freundschaft ist.

Danke, Tina, vor allem für deine Zeit. Für den richtigen Moment, mich zu umarmen, für dein Verständnis und den mitfühlenden Respekt für meine vielen Geschichten und Erinnerungen. Danke, dass du mir zugehört hast. Du hast meine Vergangenheit lebendig werden lassen und sie als einen Film mit *happy end* erzählt.

Mit Zuversicht beende ich dieses Kapitel meines Lebens und freue mich neugierig auf das nächste. Ich bin bereit für weitere Abenteuer.

Ihr alle, die ihr dieses Buch gelesen habt, vergesst nie: Egal, welchen Weg ich gehe, ich bin immer für euch da!

In Liebe
Eure Senna